Matthias Hilbert

Unvergessene Pastoren und Evangelisten

– Sechs Lebensbilder –

Impressum:

Unvergessene Pastoren und Evangelisten

– Sechs Lebensbilder –
von Matthias Hilbert

Ausgabe vom 01. März 2022

Herausgeber: Hans-Jürgen Sträter, Adlerstein Verlag
kontakt@adlerstein.de

Herstellung und Verlag: BoD – Books on Demand, Norderstedt
ISBN: 9783753442235

Coverbilder: Links: Paul Deitenbeck (mit freundlicher
Genehmigung von Magdalene Deitenbeck)

Mitte: Wilhelm Busch, wikipedia

Rechts: Heinrich Kemner, GRZ Krelingen

Inhalt

Vorwort

Es sind außergewöhnliche christliche Persönlichkeiten, die in diesem Buch porträtiert werden und die als Pastoren und Evangelisten viele Menschen in ihren Bann zogen:

– Fritz Binde, der Anfang des 20. Jahrhunderts eine radikale Wende vom Sozialisten und Nihilisten zum überzeugten Christen durchmachte und später so gewaltig predigte, dass Arbeiter, die ihm zugehört hatten, einmal gemeint haben sollen, dass gegen ihn fünfzig Bebel nicht ankämen.

– Wilhelm Busch, der fast schon legendäre Jugendpfarrer des Essener Weigle-Hauses, der nicht nur in einer eindringlichen Weise jung und alt zur Hingabe ihres Lebens an Jesus Christus aufrief, sondern auch erstaunlich „linke" politische Positionen vertrat – zusammen mit seinem Freund Gustav Heinemann.

– Der allseits geschätzte Sauerländer Paul Deitenbeck, einer der bedeutendsten Protagonisten der Pietisten und Evangelikalen im Nachkriegsdeutschland.

– Heinrich Kemner, ein „kirchengeschichtliches Urgestein" (Peter Hahne) und Gründungspionier eines großen geistlichen Rüstzenrums und bedeutenden diakonischen Werkes in der Lüneburger Heide.

– Der unerschrockene baptistische Volksmissionar und Zeltevangelist Friedrich Sondheimer, der bei seinen evangelistischen und seelsorgerlichen Diensten erstaunliche Krankenheilungen auf sein Gebet hin erlebte und doch zugleich nüchtern und differenziert sich zum Thema der „Glaubensheilung" äußerte.

– Die holländische Uhrmacherin Corrie ten Boom, die wegen ihres Einsatzes für die von den Nazis verfolgten Juden in ein deutsches KZ kam und später in der ganzen Welt evangelisierte und die Menschen zur Versöhnung untereinander und mit Gott aufrief.

Was war nun das besondere Merkmal dieser „erfolgreichen" Evangelisten, die vor Hunderten und Tausenden von Menschen Gottes

Wort so verkündeten, dass es immer wieder dazu kam, das nicht nur glaubensnahe, sondern auch glaubensferne Menschen sich so angesprochen fühlten, dass sie zur Hingabe ihres Lebens an Jesus Christus bereit waren? Und so aus Nicht- und Namenschristen verbindlich lebende Nachfolger Christi wurden.

Für all die oben genannten Verkündiger stand jedenfalls fest, dass die Bibel – und mit ihr die Botschaft Gottes – zeitlose Gültigkeit besitzt. Und dies aus dem einfachen Grund, weil nicht nur Gott „zu allen Zeiten" derselbe ist – sondern auch der Mensch in seiner Schuldverfallenheit und Sündenverstrickung sich stets gleich geblieben ist und der göttlichen Gnade und Zuwendung bedarf.

Und so fühlten sich diese Pastoren und Evangelisten als Vermittler einer einzigartigen, frohen Botschaft, gipfelnd in der Einladung und Zusage: „Also hat Gott die Welt geliebt, auf dass alle, die an ihn glauben, nicht verloren gehen, sondern das ewige Leben haben." Den Menschen zu einer lebendigen Glaubensbeziehung mit dem gekreuzigten und auferstandenen Herrn zu verhelfen, war letztendlich das Ziel ihrer Predigt und ihres Dienstes. Wobei man ihnen selbst abspüren konnte, dass sie nicht über Jesus Christus theoretisierten, sondern von seiner Gegenwart überzeugt waren und selbst in einer realen, lebensbestimmenden und -verändernden Verbindung mit ihm lebten. Sie waren selbst „Begeisterte" von Jesus und konnten so auch andere für ihn begeistern, gemäß dem Augustinus-Wort: „Nur wer selbst brennt, kann andere entzünden."

Dass es beim Glauben aber nicht nur um die Erfahrung der Liebe Gottes und eine persönliche „Heilsaneignung" geht, sondern dass echtes Christsein im Vollzug der Nachfolge immer auch eine mitmenschliche und sozial-diakonische Dimension und Auswirkung hat, auch das lässt sich an den vorgestellten Lebensbildern gut erkennen. Auffallend und bemerkenswert ist aber auch die Tatsache, dass sämtliche landeskirchlichen Pastoren (Busch, Deitenbeck und Kemner) im Dritten Reich der Bekennenden Kirche angehörten und überdies die holländische Evangelistin Corrie ten Boom wegen ihres Einsatzes für verfolgte Juden in ein Konzentrationslager gekommen ist. Auch das unterstreicht die Glaubwürdigkeit ihres Zeugnisses und ihres eigenen Christseins.

Fritz Binde: Vom Gottesleugner zum Christuszeugen

Betrachtet man die Lebensgeschichte des einstigen Atheisten, Sozialisten und Anarchisten Fritz Binde, so staunt man über die unterschiedlichen Fügungen und Wegführungen Gottes, die diesem hochveranlagten, doch lange Zeit innerlich zerrissenen und verzweifelten Mann widerfuhren. Denn vieles musste in seinem Leben zusammenwirken, bis am Ende nach Wegen voller Irrungen und Wirrungen aus dem leidenschaftlichen Wahrheitssucher und idealistischen Weltverbesserer einer der bekanntesten und profiliertesten deutschen Evangelisten der ersten beiden Jahrzehnte des 20. Jahrhunderts werden sollte.

Fritz Binde wurde am 30. Mai 1867 in Coburg geboren, wo sein Vater, Otto Binde, als Uhrmachermeister tätig war. „Das größte Wunder, das es in der Welt gibt, ist, dass du überhaupt lebst", erklärte ihm später die Mutter. Denn der Junge war als Siebenmonatskind zur Welt gekommen. Brutkästen für Frühgeburten gab es bekanntlich damals noch nicht. Kein Wunder, dass der Arzt davon ausging, dass das Neugeborene spätestens am nächsten Tag sterben würde. Doch es sollte anders kommen. So dass Fritz Binde gut dreißig Jahre später feststellte: „Gottes Gnade hat sich treu um mich bemüht. Obwohl ich von sieben Kindern das schwächste war, bin ich allein am Leben geblieben."

Wenige Jahre nach Fritz' Geburt, zog der Uhrmacher mit seiner Familie nach Neustadt, einem kleinen Städtchen im Thüringer Wald. Otto Binde war ein eigenwilliger, innerlich zerrissener Mensch. Auf der einen Seite sentimental und idealistisch gestimmt und auf der anderen Seite infolge seines jähzornigen, sprunghaften Wesens unberechenbar in seinem Verhalten. Unvergesslich blieb seinem Sohn, als er einmal mit seinem Vater auf einer Bergeshöhe im Wald stand und dieser unter dem abendliche Sternenhimmel – von seinen Gefühlen überwältigt und mit Tränen in den Augen – aus Matthias Claudius' Mondgedicht deklamierte und sein Kind anschließend wissen ließ: „Fritz, Junge, wenn ich einmal nicht mehr bin, denke daran, was du mit deinem Vater hier oben erlebt hast, und habe deine Mutter lieb – deine Mutter ist gut." Andererseits konnte es passieren, dass der Vater, sobald er sein inneres Gleichgewicht verloren hatte, seinen Sohn wegen Nichtigkeiten hemmungslos verprügelte. Dazu konnte er, wenn er sich über etwas aufregte oder ärgerte, grässlich fluchen und toben.

Ein ganz besonderes Talent entwickelte Otto Binde als fesselnder Geschichtenerzähler. Kam er bei seinen Berufsgängen in die umliegenden Dörfer, so ließen die Bauern ihre Arbeit liegen und versammelten sich um den phantasiereichen Uhrenmacher und lauschten gebannt seinen Erzählungen. Überhaupt machte sich Binde viele Gedanken. So erklärte er einmal dem Fritz: „Wenn es irgendetwas Wunderbares in der Welt gibt, so ist es die Zeit. Man steht in ihr, sie liegt hinter uns und zugleich auch vor uns. (…) Ich habe die größte Achtung vor der Zeit. Sie enthält alles. Sie bringt alles. Sie verschlingt alles. (…) Darum ist das Geheimnisvollste und Grauenhafteste im Leben die Sekunde. (…) Nichts Erdrückenderes gibt es als das, was hinter uns liegt, denn es ist der Inhalt unseres Lebens. Entsetzlich, diese Umformung der heranstürmenden, flüchtigen, geisterhaften Sekunden in den unveränderlichen, bleiernen Inhalten unseres Lebens. Das Entsetzlichste ist, das Gewordene, das Vergangene kommt wieder und steht gegen uns auf. Das Vergangene als das letzte Zukünftige – es ist zum Wahnsinnigwerden – das ist Gottes Gericht."

Andererseits brüstete sich Fritz' Vater gerne in Gesellschaft als Freigeist. Auch liebte er es, sich über die Kirche und die „Pfaffen" lustig zu machen. Dem Pfarrer gegenüber erklärte er einmal: „An einen Gott glaube ich auch. Doch wie schon Goethe sagt, ist Name Schall und Rauch und umnebelt die Himmelsglut. Aber Jesus Christus quasi als Vizegott (…), durch dessen Blut wir allein Vergebung der Sünden und Zugang zu Gott haben sollen, lehne ich ab." Als Fritz während seiner Konfirmandenzeit gerade dabei war, sich Verse aus dem Römerbrief laut einzuprägen, schrie plötzlich sein Vater von der benachbarten Schlafkammer aus zornig: „Unsinn, Unsinn, Unsinn. Maul halten. Will nichts mehr hören von dem sinnlosen Pfaffenzeug." Das alles hinderte den „aufgeklärten" Uhrmacher aber nicht, bei bestimmten Anlässen, geradezu ängstlich und geflissentlich abergläubische Praktiken durchzuführen.

Fritz' Mutter hatte es mit ihrem von Unruhe erfüllten Mann nicht leicht. Doch in ihrer stillen, friedsamen Art vermochte sie es immer wieder, ihn zu besänftigen und bei sich und der Familie zu halten.

Was ihre Frömmigkeit betraf, so bewegte die sich in dem üblichen kirchlichen Rahmen. Ihr aufgeweckter Sohn Fritz jedoch empfand schon früh eine Sehnsucht nach Gott, wusste aber nicht, wie und wo dieser zu finden sei. Allzu gern liegt er an schönen Tagen draußen im Gras und beobachtet selbstvergessen Käfer, Blumen und den Himmel mit den vorüberziehenden Wolken. Dann erfüllen ihn geheimnisvolle Ahnungen von Gott, der dies alles erschaffen haben mochte. Je mehr der Junge heranwächst, um so mehr brennt in seinem Herzen eine unbestimmte Sehnsucht nach Gutem und Erhabenem und etwas Großem. Als ihn einer seiner Lehrer eines Tages liebevoll fragt, was er denn einmal werden wolle, möchte er am liebsten ausrufen: „Ein Christ". Aber da er sich schämt, stammelt er nur verwirrt, dass er Lehrer werden wolle. Worauf der Fragesteller ihm ahnungsvoll mitteilt: „Nun, was du auch werden magst, Fritz – ich weiß, du suchst den lieben Gott und du wirst ihn auch finden. Er selbst wird dich zu sich leiten."

Und dann kommt die Zeit der Konfirmation. Doch der orthodoxe lutherische Geistliche, der die Konfirmanden unterrichtet, hat es vor allem darauf abgesehen, dass diese eine Menge Bibelsprüche und Gesangbuchverse auswendig lernen. (Binde: „Wie große und kleine Garben wurden die langen oder kurzen Bibelsprüche in die Dreschmaschine meines Kopfes hineingesteckt. (…) Ich hörte nur das Geplapper, mit dem die Worte durch meine Zähne und über meine Lippen liefen (…), aber die Körner suchte und sah ich trotz meines Gottsuchens nicht.") Und doch will der Junge es mit seiner Konfirmation ernst nehmen. Als er, der damaligen Sitte gemäß, am Tag vor seiner Einsegnung bei seinen Eltern und Paten sowie seinen Lehrern und seinem Pfarrer um Verzeihung bitten soll für von ihm begangene Verschuldungen, da wird ihm beim ernsthaften Nachspüren seiner Fehler die eigene Sündhaftigkeit erschreckend bewusst. So dass er in seinem Innersten aufschreien muss: „Lieber Gott, hilf und vergib mir!" Da tritt ihm wie in einer Vision ein Bild aus dem Gebetbuch seiner Mutter vor Augen: Es zeigt das Gesicht des auf einer Eselin in Jerusalem einziehenden Jesus. Da vermag Fritz nur unter Tränen das Wort „Heiland" auszustoßen. Zu seiner nicht geringen Verwunderung durchziehen daraufhin Empfindungen von Freude und Frieden sein Gemüt. Und als er dann am Ostermorgen zum ersten Mal das Abendmahl einnimmt, tut er es selig und tiefbewegt.

Dass sich ihr Kind positiv verändert hat, bleibt auch den Eltern in den nächsten Tagen, die auf die Konfirmation folgen, nicht verborgen. „Weiß der Kuckuck, was der Pfaff mit dem Jungen angefangen hat!", meint dann auch der Vater zu seiner Frau. „Der Junge ist wie umgewandelt! Er nötigt mir geradezu Respekt ab!"

Doch der Glückszustand ist bei Fritz nicht von Dauer. Nachdem er sich gegenüber seinem Vater im aufflammenden Zorn vergessen hat, da verzweifelt er nicht nur an sich selbst, sondern da stellt er auch sein fromm-seliges Empfinden und Erleben bei seiner Konfirmation grundsätzlich in Frage. War nicht doch alles nur Einbildung und bloßer Gefühlsüberschwang? „Wie ein überaus vernünftiger, sachkundiger Herr", schreibt Binde später, „begleitete mich der Zweifel durch die folgenden zwei Jahrzehnte. Seine überlegen-erklärende Stimme mischte sich fortan in jede meiner inneren Angelegenheiten, um dann jede Situation gebieterisch zu erledigen. (…) Seine aufdringliche Einrede hetzte mich aus jeglichem Frieden, machte mich ruhelos, unglücklich, arm und schwach, verstellte mir jeden Zugang zum wieder unbekannt gewordenen Gott, zerrüttete und verdarb mich."

Nach seiner Schulzeit geht Fritz, der künstlerisch sehr begabt ist, für kurze Zeit in die Lehre bei einem Dekorationsmaler. Gerne hätte er anschließend die Kunstakademie in Düsseldorf besucht. Doch nachdem sein Vater sein Geschäft nach Sonneberg verlegt hat, muss er bei ihm als Uhrmachergehilfe arbeiten. Da entdeckt er eines Tages im Schaufenster einer Buchhandlung mehrere Bücher, die den verheißungsvollen Titel tragen: „Wissen der Gegenwart". Das schlägt bei Fritz wie eine Bombe ein und ruft in ihm das große Verlangen hervor, ein Wissender zu werden, dem sich die Geheimnisse des Lebens und der Welt erschließen – und auch das Geheimnis von Gott.

Ein Buch nach dem anderen erwirbt er nun aus dieser Buchreihe von seinem mühsam verdienten Taschengeld und verschlingt den Inhalt dieser vielen Bände heimlich in nächtlichen Stunden. Viel erfährt er nun über Kosmologie und Physik, über andere Völker und Kulturen, über Botanik und Zoologie, aber auch über die Entstehung und Entwicklung der Pflanzen, der Tiere und des Menschen – allerdings auf atheistischer, rein materieller Grundlage.

Ergebnis und Folgen seines Studiums sind dann auch, dass Fritz sich zwar ein großes Allgemeinwissen aneignet, auf der anderen Seite aber auch seine Schulden beim Buchhändler kontinuierlich anwachsen und er selbst zunehmend bleich und kurzsichtig wird. „Das Schlimmste war aber", so schreibt Fritz Binde später, „dass ich durch das ‚Wissen der Gegenwart' so viel Wissen von der weiten Welt erlangte, dass mir von Gott nichts mehr zu wissen übrig zu bleiben schien. Die Welt wurde mir erstaunlich bekannter und Gott erstaunlich unbekannter. Ja, so unbekannt, dass ich von jener Zeit an gar nicht mehr zu sagen wagte: ‚Ich suche Gott', sondern nur noch sagte: ‚Ich suche die Wahrheit.' Nie zuvor hatte ich den Herrn Zweifel so sachverständig und gesprächig gefunden, als damals, als er mir das ‚Wissen der Gegenwart' erläuterte."

Als der Vater die Schulden und Lesesucht seines Sohnes entdeckt, kommt es zu einer fürchterlichen Szene. Seitdem nimmt ihr beiderseitiges Verhältnis immer schlimmere Formen an. Schließlich hält es der freiheitsliebende Jugendliche zu Hause nicht mehr aus. Er läuft aus seinem Elternhaus fort und durchstreift mit einem jungen Klempnergesellen namens Otto Memmler, der ein „erfahrener" Tippelbruder ist, sein Heimatland. In einem großen Schlafsaal einer Herberge in Frankfurt bekommt er einmal mit, wie nach der langsam eingetretenen allgemeinen Ruhe ein Mann zu einem anderen sagt: „Und ich sage Ihnen, nachdem ich alles geprüft habe, weiß ich heute, dass die Bibel allein die einzig zuverlässige Offenbarung Gottes ist, der ich von Anfang bis Ende glaube. Ich glaube an den persönlichen Gott der Bibel. Ich glaube an Jesus Christus, den Sohn und das Lamm Gottes, meinen persönlichen Erretter, der mich aus meiner Sündennot erlöst hat und den ich lebendig erlebt habe, ohne den ich nicht mehr existieren könnte!" Da spricht Binde ärgerlich ins Dunkle hinein: „Und ich glaube weder an Gottes Wort noch an Gottes Sohn. Das ist mittelalterlicher Unsinn! Ich glaube allein an die Wissenschaft!" Worauf die Stimme aus dem Dunkeln ihm klar und bestimmt zur Antwort gibt: „Dann werden Sie in Ihren Sünden bleiben und entweder darin verderben oder Gott wird Sie erfassen und durch viel Elend hindurch zum Glauben bringen. Dann werden Sie Ihre Worte von heute Abend bitter bereuen!" Doch Binde lachte damals auf diese fast schon prophetisch anmutenden Worte nur laut und höhnisch auf.

Schließlich wird Fritz Binde in Wetzlar sesshaft. Er arbeitet bei einem Uhrmacher, der seine Arbeitskraft jedoch gnadenlos ausbeutet. Und auch für seine miserable Unterkunft, die er gefunden hat, muss er einen überhöhten Preis zahlen. Als er in einer Fachzeitschrift auf ein Stellenangebot eines Wuppertaler Uhrmachers stößt, bewirbt er sich erfolgreich auf die Stelle. Am Abend vor der Abreise macht er bei einem Kollegen, der noch bei seinen Eltern wohnt, einen Abschiedsbesuch. Über den Verlauf berichtet Binde so: „Ins Wuppertal wollen Sie?', rief er erstaunt aus, ‚na, da passen Sie nur auf, dass Sie nicht unter die Mucker geraten, die es dort haufenweise gibt! Wissen Sie denn, was ein Mucker ist?' ‚Na, natürlich', antwortete ich, ‚das sind die Leute mit den verdrehten Augen und mit nur noch einem Zahn im Mund, (…)' Alle, auch die Eltern, blickten jetzt mit einem erschreckend schadenfrohen Gelächter zu dem Schatten hinter dem großen Ofen, wo ich eine junge Diakonisse entdeckte. ‚Hast du es gehört, Marie?', rief mein Kollege. ‚Unsere Schwester kommt nämlich aus dem Wuppertal und gehört zu den Muckern!', erklärte er mir. Da trat das Mädchen mutig ins Licht und sagte: ‚Sie sehen, ich habe weder verdrehte Augen noch nur einen Zahn. Aber ich habe einen Heiland, den Sie nicht haben. Aber vielleicht führt Sie Gott ins Wuppertal, dass Sie ihn dort finden und selbst ein Mucker werden sollen.' (…)"

Auf seiner neuen Stelle, die Binde in Barmen erhielt, wurde er fair entlohnt. Er erhielt sogar zusätzlich noch freies Logis. Im örtlichen Gehilfenverein steigt er schnell zum Schriftführer und stellvertretendem Vorsitzenden auf. Als nun der benachbarte Elberfelder Gehilfenverein sein Stiftungsjubiläum feiert, soll Binde die Gratulation der Barmer Kollegen in einer kleinen Rede übermitteln. Sein öffentlicher Auftritt gelingt ihm so gut, dass nach seiner Rede ihm von allen Seiten gratuliert wird. In glänzender Stimmung begibt sich Binde spät abends mit den anderen Barmern auf den Heimweg. Da hinkt plötzlich ein kleiner Kollege aus Sachsen eifrig an seine Seite. Zur großen Verblüffung Bindes teilt er ihm außer Atem mit: „Ich wollte Ihnen noch etwas sagen. Sie haben ja eine sehr schöne Rede zum Lob unseres irdischen Berufes gehalten. Aber kennen Sie denn auch unseren himmlischen Beruf, dass wir Gottes Kinder werden sollen durch den Glauben an unseren Heiland Jesus Christus? Sehen Sie, den kennen Sie nicht! Nun, die andern kennen ihn auch nicht! Fragen Sie doch einen von den Kollegen, ob er Frieden hat!

Keiner hat Frieden! Und Sie haben auch keinen! Sehen Sie, das wollt' ich Ihnen nur sagen! Ich wollte Ihnen sagen, dass Sie sich bekehren müssen! Das musst' ich Ihnen sagen, sehen Sie!"

Obgleich Binde peinlich berührt ist, veranlasst ihn doch das Erlebnis, sich mit einem katholischen Kollegen, der auch schon von dem hinkenden Sachsen auf Christus angesprochen worden war, zu einem interkonfessionellen Bündnis zusammenzuschließen. Sie wollen nämlich dem christusgläubigen Mann und überhaupt allen Kirchengläubigen beweisen, dass sie die „besseren" Menschen sind. Ihre drei Grundsätze sind:
1. Das Dasein eines persönlichen Gottes soll von uns beiden nicht für unmöglich gehalten werden.
2. Die kirchlichen Glaubenssätze beider Konfessionen sollen als überwunden gelten.
3. Wir wollen beide auf den Spuren des Wahren, Guten und Schönen dem unbekannten Gott näherzukommen suchen.

Bindes hochgestimmte Ansichten und Pläne erfahren bald darauf durch einen Besuch bei seinem gelehrten Onkel, dem Mülheimer Philosophen und Gymnasialprofessor Robert Binde, Bestätigung und Erweiterung zugleich. Ganz offensichtlich von den Gedanken eines Friedrich Hegels inspiriert, lässt der seinen Neffen in einem langen Gespräch wissen, dass man das Dasein Gottes weder logisch noch absolut wissenschaftlich beweisen könne. Allerdings existiere eine absolute Vernunft, eine Art von Weltgeist, an dem auch der Mensch teilhabe. Dabei komme es auf dem Boden der Natur und der Menschheitsgeschichte zu einer regelmäßigen Fortentwicklung der Vernunft aus der Unvernunft, des Bewusstseins aus dem Unbewussten.

Als der den Belehrungen seines Onkel fasziniert folgende Neffe fragt, ob denn die göttliche Weltvernunft eigentlich gleichbedeutend sei mit dem Gott der Bibel – da gibt ihm der Professor überlegen zu verstehen, dass der biblische Gottesbegriff nur ein rückständiger Teilbegriff sei, auch wenn es sich bei der Bibel um eine besonders reiche und sinnvolle Offenbarung der göttlichen Weltvernunft handle. Insbesondere beruhten die Annahme eines Sündenfalls und einer sich daraus ergebenden Erlösungsnotwendigkeit des Menschen auf rückständige Annahmen. Und zur Person Jesu meinte er, dass „zur absoluten Vernunft auch das Ergebnis der sittlichen Idee (gehört). Durch und an Jesus Christus ist die sittliche Idee als eine göttliche, Welt und Tod überwindende Macht im Menschen geoffenbart worden." Zur Sünde und ihrer möglichen Überwindung führte der schlaue Onkel aus: „Die Sünde ist die Unvernunft! Wissens- und Freiheitsdrang sind die Triebkräfte im Menschen, die die Fesseln jeder Unvernunft sprengen. Auf der Linie einer solchen Erziehung liegt die Erlösung von der Sünde."

Am Ende seines Besuchs ist der Neffe wie berauscht von den neuen Erkenntnissen. Ergriffen drückt er die Hand des ob seiner Ausführungen selbst gerührten Professors und stammelt· „Ich danke, danke, danke dir, lieber Onkel! Deine Rede war Erlösung für mich. Nun weiß ich, was ich zu denken, zu glauben und zu tun habe!"

Als Fritz Binde wieder nach Barmen auf seinen Arbeitsplatz zurückkehrt, meint er den „unbekannten Gott" nun endlich gefunden zu haben. „Jene wunderbare Einheit von Sein und Denken, Natur und Geist, Gottheit und Menschheit, Menschheit und Ichheit, Ichheit und Gott, von der der Onkel gesprochen hatte, glaubte er in sich, als Anbruch eines neuen Lebens, zu fühlen. So hingenommen war er von dieser Erkenntnis, dass sich der zwanzigjährige Uhrmachergeselle schon ganz in die Rolle eines Predigers der Vernunft und Humanität hineindachte." (Schultze-Binde) Mehr und mehr vernachlässigt er seine Arbeit und wird zum Träumer und Einzelgänger. Schmerzhaft spürt er das Unverständnis und die Unzufriedenheit seines Arbeitgebers und seiner Kollegen mit ihm, so dass ihm am Ende nichts andres übrigbleibt, als sich eine neue Stelle zu suchen.

Die sollte er bald schon bei dem Uhrmachermeister Kortenhaus in der kleinen, bei Solingen gelegenen Ortschaft Wald finden. Es ist ein frommes Haus, in dem Fritz Binde gelandet ist. Es gibt regelmäßige Tischandachten, und der sonntägliche Kirchenbesuch ist etwas Selbstverständliches. Der neue Geselle fühlt sich wohl in dieser Hausgemeinschaft, in der es so harmonisch zugeht und in dem ein überaus wohltuender Frieden herrscht. Seine Eltern lässt er schon nach einer Woche wissen: „Ich versichere Euch, ich habe mich seit Jahren nie so wohl, so innerlich zufrieden gefühlt wie in diesen Tagen. (…) Als einziger Geselle werde ich ganz als Familienmitglied behandelt. Ich kann mir keinen gemütlicheren Prinzipal als Herrn

Kortenhaus vorstellen. Er ist leider ein religiöser Orthodox sondergleichen; er handelt aber auch so, wie er denkt. Sein ganzes Wesen ist Aufopferung und Liebe. Kein böses Wort, keine Leidenschaft reißt ihn hin; er ist ein wahrer Christ. (…) Eine liebenswürdige siebzehnjährige Tochter spielt ausgezeichnet Klavier, und ich habe mich bereits als Schüler angemeldet (…) Ich werde hier ein recht häusliches, idyllisches Leben führen und den hohlen Trubel der Großstadt bald vergessen."

Man ahnt es schon, dass sich Fritz Binde in die adrette Uhrmachertochter, die von ausgeglichener, natürlicher Wesensart ist, verlieben wird. Und da Meister Kortenhaus zusammen mit seiner Frau den Eindruck hat, dass es sich bei ihrem Gesellen um einen religiösen, christlichen jungen Mann handelt, hat niemand gegen die Verlobung der beiden jungen Menschen etwas einzuwenden. Und rein äußerlich fügte sich ja auch Binde in den frommen Rahmen und die frommen Gewohnheiten des Hauses ein, ja er schätzte sie sogar – doch im Innersten hielt er nach wie vor an seinen eigenen Überzeugungen von Gott fest: „Es war", so schreibt er, „die jugendstolze Liebe zu meinem eigenen, heimlich starken, groß und frei begehrenden Leben, die sich nicht preisgeben wollte. Auch diesem tapferen Mann nicht und genauso wenig seiner Tochter. Ich wollte ich selbst bleiben. Noch hatte ich nicht von mir geredet. Aber eigentümlich: gerade in der Windstille dieses engen niedrigen Hauses, zwischen dessen bibelspruchbehangenen Wänden fühlte meine Seele so eine Wärme, das sie matt werden wollte."

Schließlich offenbart Fritz Binde seiner Braut, dass er nicht an Jesus Christus als den Sohn Gottes glaube. Entsetzt und unter Tränen stößt diese aus: „Nie nehme ich einen Ungläubigen, am allerwenigsten einen Heuchler!" Dennoch bleibt sie bei ihrem Verlobten. Das Band der Liebe ist bereits zu stark.

Kurz darauf erfährt Fritz Binde durch ein Telegramm, dass seinen Vater ein zweiter Schlaganfall getroffen habe. Umgehend eilt er in sein Elternhaus und verbringt die nächsten Tage am Sterbebett des Vaters. Der teilt ihm noch mit letzter Kraft mit – wohl in dem peinigendem Gefühl seiner eigenen Versäumnisse –: „Dass du mir das Mädchen nicht unglücklich machst! Nicht grob sein! Nicht schimpfen! Nicht schlagen! Hab' sie lieb! Hab' sie lieb!" Sobald Otto

Binde seinen letzten Atemzug getan hat, bleibt das Pendel der Wanduhr stehen. Als der Sohn das Gehäuse öffnet, stößt er auf einen von seinem Vater beschrieben Zettel. Er trägt die Inschrift: „Schlafenden Zaubergesang entlocket der Meister den Saiten, / Doch die irrende Hand bringt Misstöne hervor. / Bald sind die Saiten verstimmt, die Harfe zersplittert, / So ist dein Leben, o Mensch, drum spiele mit Meisterbedacht."

Fritz Binde erahnt die ganze Tragik seines unglücklichen Vaters, der nun wie eine zersplitterte Harfe im Totenbett liegt und dessen Leben so viele Misstöne hervorgebracht hat. Und er fragt sich bange, ob sein Leben nicht auch zu einem solchen Schicksal verdammt sei

In das Haus seiner künftigen Schwiegereltern zurückgekehrt, wird nun auch diesen so langsam klar, dass sie sich in Fritz Bindes religiöser Einstellung getäuscht haben. Der beginnt nun auch, den Gottesdienstbesuch einzustellen. Stattdessen vertieft er sich in die neuen „Wissen der Gegenwart"-Bände, die er sich verschafft hat. Als Meister Kortmann erkennt, dass in Bindes Lektüre die Existenz eines Schöpfergottes in Frage gestellt wird, teilt er ihm mit: „Du musst dich entscheiden, wem du mehr glauben willst, entweder dieser sogenannten Wissenschaft oder der Bibel. Ich für mich, sieh, ich will der Bibel mehr glauben, die mich bisher nie betrogen hat, und ich will um des Herrn und der Anna willen Geduld mit dir haben, bis du das auch einsehen lernst, und du wirst es einsehen lernen."

Doch Fritz Binde bricht vorerst noch weitere Brücken hinter sich ab, indem er sich nun sogar einem Freidenkerverein anschließt. (Allerdings hatte er seinen „Glauben" an eine numinose Gottheit noch nicht aufgegeben.) Jeden Samstagabend verbringt er nun im Kreis seiner neuen Freunde. Eine besondere Bewunderung bringt er der Vereinsbibliothek entgegen. Er kauft sich viele dieser Bücher, die er hier entdeckt und bei denen es sich um naturwissenschaftliche, kulturgeschichtliche und philosophische Werke handelt, selber und arbeitet sie gründlich durch. Von Ludwig Büchner, dem Vorkämpfer des Materialismus in Deutschland, lernt er, dass „der Kraft außer dem Stoff keine selbständige Existenz zukommt" und dass die Welt der bewegten Materie, die lediglich nach ihr innewohnenden, unabänderlichen Naturgesetzen abläuft, keiner ewigen Vernunft bedarf. Bei Ludwig Feuerbach wiederum liest er, dass „Gott nichts als die Selbstidealisierung des Menschen" sei. Schließlich zieht Binde für sich das Resümee: „Es gibt keinen Gott außer als törichte Idee! Der Gott der Religionen existiert nicht! Der Gott der Philosophie existiert nicht! Der Gott der Bibel existiert nicht! Mein Gottsuchen ist beendet!"

Als nun der Winter kommt und Binde in der eiskalten Dachstube seine geliebten Bücher nur noch frierend und mit Handschuhen im Bett lesen kann, da ist ihm nicht nur äußerlich kalt, sondern auch in seinem Innern. „Denn ich sehnte mich", gesteht er, „auch innerlich nach etwas Warmem, nach etwas traulich Menschlichem, nach etwas urplötzlich Wunderbarem, das einmal etwas anderes wäre als diese beinahe langweilig gewordene Selbstverständlichkeit der ‚kalten, unerbittlichen Naturgesetze', von denen ich nun so viel, so viel gelesen hatte. (…) Nein, es ging nicht mehr anders: Ich musste wieder einen Traum und einen Himmel haben! Das Gerede von den immer wieder zerstörenden und immer wieder gebärenden Kräften eines ewigen Werdens und Vergehens da draußen im Weltall war ich so satt geworden (…)"

Da erhält er einen Brief seines ehemaligen Kumpans Otto Memmler, in dem ihm dieser begeistert von seiner kürzlich erfolgten Hinwendung zur Sozialdemokratie und ihren Ideen berichtet und ihn auffordert, bei seiner großen Begabung sich an dem Kampf der sozialdemokratischen Bewegung für wahre Menschlichkeit zu beteiligen.(1) Fortan liest Binde das Parteiblatt und studiert die Werke von Marx und Engels und anderen sozialistischen Ikonen. Immer schon hatte er ein Herz für Arme und Unterdrückte gehabt. Und so wies ihm jetzt der Sozialismus, der sich der Sache der verelendeten, ausgebeuteten Arbeiterschaft verschrieben hatte, seinen künftigen Weg.

Seiner Braut, die längere Zeit auswärts in einer Pension gearbeitet hatte, gesteht er bei ihrer Rückkehr, Gott abgesetzt zu haben. Daraufhin kommt es zu einer erregten Auseinandersetzung mit ihr und ihrem Vater. Auf Bindes Bemerkung, er „kenne keinen anderen Herrn als die Wahrheit", reagiert Meister Korthaus noch besonnen, indem er ruhig zur Antwort gibt: „Da tust du recht daran. Nur sollst du wissen, dass Jesus Christus, der Sohn Gottes, die Wahrheit ist, und sonst keiner mehr." Doch als Binde seinem künftigen Schwiegervater vorwirft, „Wahnideen" anzuhängen, da eskaliert der Streit so sehr, dass Korthaus kurz vor einem körperlichen und nervlichen Zusammenbruch steht. Der erschrockene Geselle überlegt, ob es nicht besser sei, das Haus des Uhrmachers zu verlassen, um kein weiteres Unglück über die Familie zu bringen. Aber seine Braut hält ihn mit den Worten zurück: „Ich darf dich auch um deiner selbst willen nicht lassen, denn so, wie du jetzt bist, gehst du zugrunde."

Auch wenn Korthaus in der nächsten Zeit noch krankhaft reizbar war und sich schlürfend und hustend im Haus bewegte, so entspannte sich doch nach außen hin langsam die angespannte Atmosphäre. Zu Weihnachten 1889 gestattete er den Kindern, ihre Verlobung öffentlich zu machen, und im Herbst des folgenden Jahres richtete er ihnen im benachbarten Vohwinkel ein Geschäft ein. Nachdem er sich dann bei der Besichtigung der neuen Wohnung erkältet hatte, erkrankte er so schwer, dass er sein Ende herannahen spürte. Als am Bett des Schwerkranken die Trauung der Verlobten stattfand, beschwor er seine Tochter: „Nimm deinen Glauben mit, Anna!" Als diese das versprach, atmete er erleichtert auf: „Dann ist mir nicht bange. Dann wird alles gut." Und auch zu seinem Schwiegersohn hauchte er: „Es wird alles gut, Fritz!" Zwei Monate später verstarb der fromme Mann. Fritz Binde aber fühlte sich mitschuldig an dem frühen Tod seines gütigen Schwiegervaters.

Er betreibt nun in Vohwinkel einen gut gehenden Uhren- und Goldwarenladen. Doch seine innere Unruhe bleibt. Weiterhin hält er sich zu dem Freidenkerverein, doch muss er zunehmend erkennen, dass viele Mitglieder nur deshalb Freidenker sind, weil sie ein sittlich ungebundenes Leben führen wollen. Ein Schlüsselerlebnis für ihn ist, als ein Stiftungsfest des Vereins nach einem von ihm gehaltenen Vortrag über das antike Freidenkertum in Trunkenheit und Schlägerei endet.

Nun sieht er sein neues Betätigungsfeld erst recht innerhalb der SPD. Eine vielgelesene Broschüre von ihm über den „Kampf der Weltanschauungen", in der er sich zu den Ideen Karl Marx' bekennt, macht ihn in der sozialdemokratischen Szene mit einem Schlag bekannt. Bei Parteiversammlungen und auf Parteitagen gilt er schon bald als großer Redner. Sein Freund und ehemaliger Parteigenosse Ommerborn erinnerte sich: „An der Langweiligkeit der Redner krankte damals die ganze Partei. Eben darum konnte Fritz Binde, dieser langhaarige, flatterschlipstragende, in seinen Bewegungen an Lassalle erinnernde Volkstribun auch solchen fesselnden Eindruck hinterlassen. Sein Gesicht mit dem abenteuerlichen Bartwuchs (…) trug den Stempel der Geistesarbeit und eifriger Leidenschaftlichkeit. Unsereiner war als Berufsredner ziemlich abgebrüht. Diese Abgebrühtheit wurde durch Fritz Binde ohne Weiteres außer Tätigkeit gesetzt. Er packte uns alle durch die Bank gleich mit den ersten Angriffen." Binde wird eine Reichstagskandidatur angeboten, die er aber ausschlägt.

Von Anfang an ist es sein Anliegen, dass es den Anhängern der Partei nicht nur um Behebung der sozialen Notlage geht, sondern vor allem auch um ihre geistige Mündigkeit und Weiterentwicklung. So führte er einmal in einer Versammlung aus: „Ich soll und will, verehrte Genossen, über die Frage reden: Hat die breite Volksmasse die Geistesbildung als politische Ausrüstung nötig? – Und ich will dir und dir sagen: Ohne die innerste Geistesbildung der Massen wird das Freiheitsideal des revolutionären Proletariats überhaupt nicht erreicht werden, denn man ist Revolutionär nicht nach äußeren, sondern nach inneren Gründen! (…) Ich sage dir: Solange du dich als Herdentier weißt, bist du der Freiheit nicht wert! (…) Die soziale Frage wird heute eine Brot- und Magenfrage genannt. Es mag etwas dran sein (…), aber ich sage dir: die soziale Frage ist zuallererst eine Geistesfrage; löse diese Geistesfrage, so ist die Brot- und Magenfrage zugleich gelöst."

Doch auch die Partei enttäuscht Binde. Er nimmt wahr, dass im politischen Alltag und Machtgerangel die Losung von „Freiheit, Gleichheit, Brüderlichkeit" zu einer leeren Phrase verkommt. Und dass die sozialistischen Dogmen genau so stramm gehandhabt werden wie die religiösen der Kirche. „Mich packte", schreibt er, „der Ekel über das herrsch- und rachsüchtige Treiben innerhalb der Partei, und ich fing an, die sozialdemokratische Wissenschaft in Frage zu stellen. Einer meiner Freunde (…) geriet über die gleichen Probleme in solche Verzweiflung, dass er (…) sich erschoss. Man fand ihn in einem Raum, dessen Wände bedeckt waren mit Büchern über unsere Volksbeglückungstheorien. Wie viele ‚Genossen' gehörte auch er zu jenen Idealisten, die trotz ihrem zur Schau gestellten Optimismus im Innersten zerrissen und unglücklich waren." Dass aber der Mensch automatisch besser werde, wenn sich erst seine äußeren Verhältnisse positiv verändern würden – an diese Gleichung kann Binde jedenfalls immer weniger glauben.

Nur wenige Jahre nach seiner Mitgliedschaft bricht Binde mit der Partei. Er wendet sich jetzt dem „Anarchismus" zu und veröffentlicht in den Jahren 1895-1898 zahlreiche Aufsätze in dem Blatt „Sozialisten", dem „Organ für Anarchismus-Sozialismus". Es ist nicht die radikale, revolutionäre und zu Anschlägen bereite Form dieser Weltanschauung, der er nun anhängt. Sondern ihn hatte, nach seinen eigenen Worten, „Kants Lehre von der sittlichen Selbstgesetzgebung des Einzelmenschen den Glauben reifen" lassen, „jedermann müsse sein eigener Priester, Richter und Ordnungshüter werden. Ich kam zur Überzeugung, dass dadurch alle Staats-, Rechts- und Polizei-, ja jegliche Gesellschaftsordnung überflüssig würde." Doch die Utopie von der „freien Persönlichkeit in der freien Genossenschaft" zerrinnt schon bald zu einem Nichts, als er „zur schmerzlichen Einsicht (hatte) kommen müssen, dass die meisten Menschen nicht zu ‚freien Persönlichkeiten' taugen, sondern zeitlebens Sklaven niederer Instinkte bleiben".

Mehr und mehr zieht Binde nun Nietzsches Lehre vom „Übermenschen" in den Bann: „Glaubte ich nicht mehr an die Freiheit für alle, so lernte ich nunmehr durch Nietzsche auf die Freiheit der einzelnen ‚freien, sehr freien Geister' zu setzen. Das sind die Menschen, die alle hergebrachten Grenzen des Denkens und Handelns überstiegen haben und ‚jenseits von Gut und Böse' zu leben versuchen. Aus ihnen sollte der zukünftige, höhere Mensch, der sogenannte ‚Übermensch' hervorgehen. Ihr Gott ist ihr wunderbares Ich und ihr Gottesdienst das Denken und Schaffen als fröhliche Kunst."

Fritz Binde verfasst jetzt eigene Gedichte. Nachdem er mit dem damals sehr bekannten Dichter Richard Dehmel in Kontakt gekommen ist, weist dieser ihn darauf hin, dass er wohl mehr zum Redner und Schriftsteller, denn zum Künstler berufen sei. Und so schreibt Binde nun Theaterkritiken und veröffentlicht Aufsätze über Kunst und Kunstausstellungen. Auch hält er in gemieteten Sälen, Bürger- und Freidenkervereinen Vorträge über namhafte Dichter und Philosophen und zu Fragen der Kunst.

Schon während seiner aktiven SPD-Zeit hatte er geklagt, dass ihm sein Beruf zu viel Zeit und Kraft raube. „Die ganze Welt liegt im Argen", äußerte er einmal, „die Not der Armen ruft mich mit millionen Notschreien zu Hilfe, und dabei bin ich hier an meinem miserablen Werktisch geschmiedet, (...)" Und auch jetzt, wo er sich als Kunstschriftsteller und -referent einen Namen gemacht hat, stöhnt er unter seinen beruflichen Verpflichtungen. Schließlich gibt er sein Geschäft auf.

In seinem Hause spielt sich ein buntes Leben ab. Menschen von Rang und Namen verkehren in ihm: Künstler, Gelehrte, Philosophen... Über diese intellektuelle Bohème, die aus nah und fern bei ihm zusammenkommt, hat sich sein Freund Ommerborn später empört so ausgelassen: „Die Allerfreiesten, diese nie Unfreien, die Herren und Verhältnissebauer, diese Stolzen, Kühnen, diese Dichter und Denker, von denen mancher nachher zu Größe und Würde gekommen, sich der eine und andere die erlösende Kugel in den Kopf geschossen hat; diese immer in Geldverlegenheiten Schwimmenden, diese immer gern gut Essenden und Trinkenden, diese Schwadroneure und Wichtigtuer, diese Phrasendrechsler (...), über alles Spottenden (...), diese ewig Zigaretten Schmauchenden und Wein Begehrenden (...), ach, diese Parasiten am Leben des besten aller Menschen und Ehegatten, dieses (...) geistige Helotentum, wie habe ich es verachtet!"

Dieser Umgang, dieses Milieu war letztlich nicht gut für Binde. Der Ex-Nietzsche-Anhänger und Ex-Kunstaufklärer konstatierte später ernüchtert: „Die letzten Rücksichten des alten Gewissens fielen. Auf dieser Geisteshöhe hörte jede Sünde auf, Sünde zu sein, wenn man sie nur mit dem nötigen erhabenen Selbstbewusstsein zu rechtfertigen verstand. Hier galt nur eins: Raum allem starken, mutigen Leben, denn in ihm offenbart sich das Göttliche! Die unausweichlichen Folgen dieses ‚hohen' Lebens waren Verrohung des Gewissens, Zerrüttung der Nerven und schließlich totale Verwirrung."

Im Jahr 1901 ist Binde ein geistiges und körperliches Wrack. Er wird nervenkrank und arbeitsunfähig. Wie er schreibt, „(forderte) das überstudierte, übernächtigte Leben mit seinen Auf- und Ausbrüchen, Enttäuschungen und Schlechtigkeiten seinen Tribut. Schlaflose Nächte, schreckliche Angstzustände peinigten Leib und Seele." Fritz

Binde ist am Tiefpunkt seines Lebens angelangt. Kein Dichter, kein Philosoph, deren ungezählte Bücher in seinen Bücherschränken angehäuft sind, vermag ihn aufzurichten.

Als das neue Jahr anbricht, hängt ihm seine Frau den Neukirchener Abreißkalender neben seinen Schreibtisch an die Wand, so dass er täglich mit den Bibelsprüchen des jeweiligen Tages konfrontiert wird. Von manchen wird er tief getroffen. Etwa wenn er liest: „Das Blut Jesu, des Sohnes Gottes, macht uns rein von aller Sünde" oder: „Die auf den Herrn harren, kriegen neue Kraft, dass sie auffahren mit Flügeln wie Adler". Eine Zeit lang versucht er sich mit Nietzsches „Antichrist" gegen die Mahnungen und Verheißungen des göttlichen Wortes zu wehren. Aber immer wieder aufs Neue zieht ihn ein Bibelwort an. Sogar die beigefügte Auslegung muss er lesen. Doch geschlagen gibt er sich nicht. Allerdings kann es so wie bisher auch nicht mehr mit ihm weitergehen.

Um sich der Stille und dem göttlichen Reden zu entziehen, sucht er sogar verschiedentlich wieder die Gesellschaft seiner ehemaligen Gesinnungsgenossen auf. Als er nun eines Spätabends müde und innerlich zerrissen von einer Studentenkneipe, in der er sich aufgehalten hatte, nach Hause zurückkehrt, stößt er kurz vor der Haustür mit dem Fuß gegen einen Stein. Unwillig tritt er ihn beiseite. Doch er stößt ein zweites und dann auch noch ein drittes Mal gegen ihn. Als er ihn gedankenvoll aufhebt, da vernimmt er deutlich das Wort Jesu aus dem Johannesevangelium: „Ich bin's, der mit dir redet" sowie das Wort aus Luk. 5,31: „Die Gesunden bedürfen des Arztes nicht, sondern die Kranken". Dieses Erlebnis gibt Binde dann doch zu denken. Er reinigt den weißen Kiesel und schreibt darauf die entsprechende Bibelstelle: „Joh. 4,26". (Der Stein blieb auch später immer auf Bindes Schreibtisch liegen.) Aber immer noch verschließt er sich dem Zu- und Anspruch Christi. Einmal ist er sogar nahe dran, sich lebensmüde in den Rhein zu stürzen. (Binde wohnte mit seiner Familie inzwischen in Bonn.)

Schließlich aber beginnt Fritz Binde dann doch, sich immer mehr für die Botschaft Jesu Christi zu öffnen. Als er bei einem Besuch im schwiegerelterlichen Haus in Wald den bekannten Prediger Springer in Vohwinkel aufsucht, um ihm seine momentane geistliche Situation zu offenbaren, da bekommt er von diesem bei seinem Abschied eine von Georg Steinberger geschriebene Schrift („Der Weg dem Lamme nach") in die Hand gedrückt. „Das Büchlein", so Binde, „vollbrachte ein Wunderwerk in mir. Es verwandelte mir nämlich endgültig Jesus von Nazareth, den vornehm-überlegenen (…) Weisen, in Jesus Christus, das demütig dienende, geschlachtete Lamm Gottes, das der Welt Sünde und auch meine Sünde trägt. Es bewies mir den Sieg des Schwachen und Nichtigen in der Welt gegenüber dem Starken und Großen. Es stellte mir den Lammesweg über den Löwenweg. Es weckte in mir Lammes- und Leidenssinn, so dass ich zu meinem Elend Ja sagen konnte. Und damit machte es mich bereit, Ja zu Gottes Willen zu sagen, der mir dieses Elend geschickt hatte. Es machte mich also fähig, Gott als einen Herrn über mir anzuerkennen und mich nichtig zu seinen Füßen zu werfen." Voll staunender Dankbarkeit erkennt Binde daraufhin: „Gott ist dein Vater, er hat dir durch Jesus Christus vergeben, und du bist nun in den besten Händen." Woraufhin ein nie gekannter Friede und eine große Ruhe und Freude sein Herz durchziehen.

Bald schon schenkt Gott ihm die starke innere Gewissheit, dass er das von Georg Steinberger geleitete Seelsorge- und Erholungsheim „Asyl Rämismühle" in der Schweiz aufsuchen soll, auf das ihn unlängst ein gläubiger Medizinstudent empfehlend hingewiesen hatte. Doch er entschließt sich zu diesem Schritt nicht nur, um dort Erholung für Leib und Seele zu finden, sondern auch, weil er fähig(er) werden möchte, anderen Menschen das Evangelium von Jesus Christus zu verkündigen.

Binde fühlt sich auf Anhieb im „Asyl Rämismühle" wohl. Tief beeindruckt ihn nicht nur Georg Steinberger selbst, sondern auch die ganze, auf ihn so wohltuend wirkende friedevolle Atmosphäre, die in diesem Hause vorherrscht. Er begegnet Menschen, bei denen er den Eindruck wirklich und überzeugend gelebter Nachfolge Christi hat.

Steinberger, der schnell die große Begabung, aber auch die göttliche Berufung seines neuen Gastes erkennt, rät diesem, sein ganzes bisheriges Leben aufzugeben und so lange mit Frau und Kind in der „Rämismühle" zu wohnen, bis Gott ihm klar zeige, wo er für ihn arbeiten soll. Diese Zeit der Vor- und Zubereitung für seinen künftigen Dienst nutzt Binde intensiv. In den Andachten, Bibelstunden und Gottesdiensten wird er immer tiefer in das Wort Gottes eingeführt. Auch wenn er lange Zeit noch manche innere Kämpfe und Anfechtungen durchzustehen hat, so wächst und verfestigt sich doch immer mehr sein christlicher Glaube. Dabei ist es ihm eine große Hilfe, dass er in Georg Steinberger einen geduldigen und weisen Seelsorger und Ratgeber an seiner Seite hat.

Um die biblischen Texte in ihren Ursprachen lesen zu können, lernt Binde in kurzer Zeit Hebräisch und Griechisch. Auch nimmt ihn Steinberger häufig auf seinen Predigtdiensten in den umliegenden Ortschaften mit. Nach und nach wird Binde aber auch selbst in die Wortverkündigung eingebunden und schließlich auf einzelne Evangelisationsreisen geschickt.

Nachdem ein Jahr seines Aufenthaltes in der „Rämismühle" vergangen ist, wird Binde von Georg Steinberger unter Handauflegung zu seinem Dienst im Reiche Gottes eingesegnet. Er zieht nach Bad Wildungen, um von hier aus als Prediger mehrere Gemeinschaftskreise zu betreuen, die im Waldecker Land durch den Einsatz von „Pilgermissionaren" des Schweizer Missionswerkes St. Chrischona entstanden waren. Ihre Anhänger versammeln sich in einfachen Bauernstuben, um miteinander Glaubensgemeinschaft zu pflegen und Gottes Wort zu betrachten. Der Dienst ist für Fritz Binde recht beschwerlich, da er zu Fuß oder mit dem Fahrrad oft weite Strecken zurücklegen muss. Und das auch bei schlechten Wetterverhältnissen. Von der Bevölkerung erfahren die Gemeinschaftsleute mitsamt ihrem Prediger mancherlei Bedrängnis. Und auch in den Gemeinschaften selbst geht es nicht immer harmonisch zu. Ernst Decker: „Fritz Binde, der Mann, der einst als Redner vor vielen Menschen gestanden und sie zu flammender Begeisterung fortgerissen hatte, musste sich hier von Brüdern, wie es sie leider auch in der Gemeinde Jesu gibt, die mit ihrem Richtgeist, ihrer Belehrungssucht und ihrem Ehrgeiz ein christliches Gemeindeleben vergiften können, viel gefallen lassen." Auf der anderen Seite erfährt Binde in seinem Dienst von den Glaubensgeschwistern aber auch viel Liebe und Segen.

1904 beschrieb er in der kleinen Schrift „Vom Sozialisten zum Christen" (späterer Titel: „Vom Anarchisten zum Christen") seine Bekehrungsgeschichte. Die Broschüre erlebte viele Auflagen und wurde auch in andere Sprachen übersetzt. Natürlich stieß sie auch in der Arbeiterschaft auf Interesse, in der Fritz Binde ja kein Unbekannter war.

Im Spätsommer 1905 wird Fritz Binde von Jakob Vetter in die von ihm 1902 gegründete „Deutsche Zeltmission" gerufen. Die Evangeliumsverkündigung in Zelten, bei der man gerade auch entkirchlichte Menschen erreichen konnte, war so nachgefragt, dass neben Vetter und dem Prediger Ludwig Henrichs ein weiterer Evangelist benötigt wurde. Binde zog nun um nach Siegen und übernahm das Zelt, das vorrangig in Westdeutschland und in Industriebezirken eingesetzt wurde. (Im Winter sprach Binde in Kirchen und großen Sälen.) Ludwig Henrichs bekundete später: „Nachdem Binde herausgefühlt hatte, worauf es ankam, wurde er immer mehr der kräftige Redner und gesalbte Zeuge, dessen Ansprachen wie Blitze einschlugen, und der eine große Versammlung von 2000 Menschen unter die Gewalt der heiligen Gotteswahrheit brachte. Wie manchmal habe ich unter den wuchtigen, packenden Vorträgen dieses hochbegabten Mannes mit Staunen und innerem Beben zugleich gesessen!" Arbeiter aus Barmen sollen nach einem Vortrag von Binde geäußert haben, dass fünfzig Bebel dagegen nicht ankämen.

Einst hatte Binde gehofft, dass Geistesbildung und -kultur die Menschen verändere und besser mache. Jetzt jedoch ließ er seine Hörer wissen: „In der gegenwärtigen sozialen Praxis ist die Schärfe des Interessenkampfes durch die Pflege der schönen Kulturideale bisher um nichts gemildert worden. Der Mensch bleibt Mensch mit allen Eigenschaften seiner unveränderlichen menschlichen Natur. Und doch gibt es eine Kultur der Herzen, die so sicher und solid arbeitet, dass sie sich beinahe unabhängig von jeder übrigen kulturellen Zeitströmung vollzieht. Sie gedeiht (...) bei jedem Volk (...) und jeder Klasse. (...) Auch hat sie weder Besitz noch Bildung zur Vorbedingung und umfasst sowohl die Jugend als das Alter. Sie bewährt sich in Friedens- und Kriegszeiten (...), in guten und in bösen Tagen. Es ist dies die Kultur der Herzen, die Jesus Christus, der unvergleichliche Herzenskündiger und Herzensgewinner, in die Welt gebracht hat. (...) Nicht die Ergebnisse menschlicher Gelehrsamkeit (...), nicht die Worte der Staatsmänner, nicht die Worte der Dichter, nicht die Worte der Ethiker und Reformer, nicht die Worte der Moraltheologen (...), nicht Buch- und Zeitungsworte vermögen das menschliche Herz wahrhaft zu kultivieren, das heißt, fruchtbar zu machen für Gott, sondern allein das lebendige Gotteswort, das Gott in seinem Sohn Jesus Christus geredet hat, ist das untrügliche Mittel, unser Herz zu kultivieren. (...) Wie viel Menschenworte sind als Rauch und Schall, als Lug und Trug verweht! Jesu Worte aber haben an Lebenskraft und Lebenssaft nichts verloren. Sie wirken heute auf hörende Ohren so unmittelbar göttlich wie damals, wo sie Gott der Welt zum Heil schenkte. (...) Siehe, das ist die von Gott in Christo bewirkte Kultur der Herzen, und eine andere gibt es nicht. Du musst sie erleben, oder dein Leben bleibt trotz aller sogenannten Kulturleistungen unfruchtbar für Gott, und damit unfruchtbar für dich selbst und auch unfruchtbar für die Menschen."

1909 verlegte Fritz Binde seinen Wohnsitz in die „Rämismühle", wo er einst innere und äußere Gesundung erfahren hatte. Von hier aus wirkte er weiter als Evangelist (bis Anfang 1911 noch im Auftrag der „Deutschen Zeltmission"). Gleichzeitig diente er dem Seelsorge- und Erholungsheim mit Andachten und als Hausseelsorger. (Georg Steinberger war bereits 1904 im Alter von erst 38 Jahren verstorben.) Seit Mitte 1914 wirkte Binde dann von Riehen aus nur noch als freier Evangelist und christlicher Schriftsteller. Sein Schwiegersohn Ernst Schultze-Binde schreibt: „Der doppelte Wirkungskreis seines Berufs im engeren Kreis der Anstalt und auf dem weiten Feld der Evangelisation erwies sich auf Dauer als unzumutbar. Er empfand es deshalb als ein gütiges Geschenk Gottes, als ihm in der Folgezeit der Ankauf eines eigenen Hauses in Riehen bei Basel ermöglicht wurde. Oft sagte er: ‚Frei reisen, frei schreiben, das ist meine Berufung.'"

Doch da bricht noch im selben Jahr der Erste Weltkrieg (1914-1918) aus. Somit bleiben für den in der Schweiz lebenden Binde die Türen für Evangelisationseinsätze nicht nur in Deutschland, sondern auch im Ausland verschlossen. (Ihm hatten für den Winter bereits Einladungen aus London, Paris und Brüssel und anderen Orten vorgelegen.) In der Schweiz aber evangelisiert er weiterhin, wenn auch meistens nur in Landgemeinden. Ungezählte Briefe von Rat- und Hilfesuchenden beantwortet er von Riehen aus in großer Gewissenhaftigkeit. Doch auch bei seinen Evangelisationen dient er den Menschen seelsorgerlich. Während eines Dienstes in Zürich im Jahr 1919 waren seine Sprechstunden derart überfüllt, dass er oft fünf

Stunden am Tag für seelsorgerliche Aussprachen in Anspruch genommen wurde und erst gegen Mitternacht sich zurückziehen konnte.

Und so hat Binde in seinem Leben nicht nur viele ungläubige Menschen zu Jesus Christus hinführen können, sondern auch vielen gläubigen Christen als begnadeter Seelsorger gedient. Auch durfte er verschiedentlich erleben, dass Kranke auf sein Gebet hin Heilung erfuhren.

Eine robuste Gesundheit war Fritz Binde nicht verliehen. Immer wieder wurde er zwischenzeitlich von Herzbeschwerden und körperlicher Schwäche heimgesucht und zum Ausspannen gezwungen. Er empfand, dass ihm seine Leiden zur Demütigung, Reinigung und Bewahrung dienen sollten. Doch erlebte er auch immer wieder, dass Gott hindurch- und weiterhalf und ihn mit neuer Kraft ausrüstete. Auch war es für ihn nicht leicht, so oft durch seinen aufreibenden Evangelistendienst von seiner Frau und den sechs Kindern getrennt zu sein. Dieses Getrenntsein war für ihn durchaus ein Opfer und ein Stück praktischer „Ichverneinung und Jesusbejahung". Im Grunde war Binde ein nach innen gerichteter Mensch. Daher liebte er auch Tersteegen ganz besonders. „Niemand schreibt meinem Innern so entsprechend und zuträglich wie Tersteegen", meinte er. „Ihm fühle ich mich am verwandtesten."

Am 10. September 1921 starb Fritz Binde, nachdem man eine hochgradige Zuckerkrankheit bei ihm zu spät erkannt hatte.

Anmerkung

(1) Die SPD war damals noch eine den Lehren Marx' anhängende sozialistische Partei.

Literatur- und Quellennachweis

Binde, Fritz: Vom Anarchisten zum Christen. Basel 1979 (überarb. Aufl., 246.-260. Tsd.)
Bloedhorn, Hans: Fritz Binde – Vom Sozialisten zum Christen. In: Die Gemeinde 36/71, 6f
Decker, Ernst: Fritz Binde. Ein Evangelist von Gottes Gnaden. Gießen 1965
Decker, Ernst: Fritz Binde. In: Arno Pagel (Hg.): Er weiß den Weg. Marburg 1978, 143-151
Schultze-Binde, Ernst: Fritz Binde. Ein Anarchist wird Evangelist der Gebildeten. Bad Wildbad 2012 (3. Aufl.)

Wilhelm Busch: Jesus unser Schicksal!

Wenn von Wilhelm Busch die Rede ist, so denken die meisten Menschen sicherlich zunächst an den humoristischen Dichter und Karikaturisten Wilhelm Busch, den Schöpfer der unvergessenen Max und Moritz-Figuren. Doch es gibt noch einen anderen berühmten Mann gleichen Namens, und an den erinnern sich auch heute noch viele Christen. Denn dieser Wilhelm Busch war um die Mitte des 20. Jahrhunderts ein Pastor gewesen, der nicht nur wegen seiner überaus erfolgreichen Jugendarbeit im Essener „Weigle-Haus" bekannt war, sondern auch als viel gefragter Evangelist (und viel gelesener Autor christlicher Schriften) viele Menschen im In- und Ausland mit der christlichen Botschaft erreichte. Wo Busch sprach, da waren volle Säle und Gotteshäuser garantiert.

Wilhelm Busch ist am 27. März 1897 in Wuppertal-Elberfeld geboren. Hier war sein Vater, Dr. Wilhelm Busch, Pfarrer an der lutherischen Kirche, bevor er dann 1903 an die Frankfurter Lukasgemeinde wechselte. Seine Frau war eine geborene Kullen und kam aus Hülben in der Schwäbischen Alb. Die Kullens waren eine traditionsreiche, vom schwäbischen Pietismus geprägte Familie. Sie bewohnten seit eh und je in dem großen alten Schulhaus des Ortes das Obergeschoss, denn das örtliche Lehrer- und Organistenamt wurde traditionell stets von einem Kullen versehen. Dass der zugleich auch ein frommer Mann und aktiv in der Altpietistischen Gemeinschaft tätig war, verstand sich von selbst.

Wilhelm Busch jun. beabsichtigt, nach seinem Abitur Kunstgeschichte zu studieren. Da bricht 1914 der Erste Weltkrieg aus. Eine Woge des Patriotismus erfasste damals Jung und Alt. Und so tritt dann 1915 auch Busch als junger Kriegsfreiwilliger in das Heer ein. Später schreibt er: „Begeistert war ich bei der ‚berittenen Artillerie'. (…) Mit Leib und Seele lebte ich in der militärischen Welt. Leider auch in der völlig ungöttlichen Atmosphäre. Das Christentum, das ich von zu Hause mitgebracht hatte, ging in Fetzen davon. Und als ich mit 19 Jahren in einem aktiven Regiment Offizier wurde, war mein Stolz ungeheuer."

Als er nun eines Tages an der Westfront während einer Gefechtspause mit einem Kameraden im Straßengraben liegt und auf den

Befehl zum Vorrücken wartet, wird sein Nachbar plötzlich von einem Granatsplitter getroffen und ist sofort tot. Busch ist schockiert: „Ich sehe mich noch", so erinnert er sich später, „an diesem Straßengraben stehen, als es mich wie ein grelles Licht (...) überfiel: Der steht jetzt vor dem heiligen Gott! Und die nächste Feststellung war: Wenn wir jetzt andersherum gesessen hätten, dann hätte es mich erwischt, und dann stünde ich jetzt vor Gott! Da lag mein toter Freund. Und nach langen Jahren faltete ich zum ersten Mal die Hände und betete nur: ‚Lieber Gott, lass mich nicht fallen, ehe ich weiß, dass ich nicht in die Hölle komme.'"

Lange quält sich Busch mit seinen Gewissensqualen ab. Dabei hätte er so gerne Frieden mit Gott gefunden. Da fällt ihm eines Tages beim Aufräumen seines Gepäcks das Neue Testament in die Hände, das seine Mutter heimlich seinen Sachen beigelegt hatte. Er nimmt die Handschrift seiner Mutter wahr. „Meinem lieben Sohn!" steht da. Und dann das Bibelwort aus dem 119. Psalm: „Dein Wort ist meines Fußes Leuchte und ein Licht auf meinem Wege." Tief erschüttert zieht sich der Sohn in ein noch heil gebliebenes Zimmer eines zusammengeschossenen französischen Bauernhauses zurück. Hier blättert er in dem Testament herum und stößt plötzlich auf den Vers: „Des Menschen Sohn ist gekommen, selig zu machen, das verloren ist." Das schlägt bei ihm ein: „Verloren war ich! Selig werden wollte ich. Jesus also war der rechte Helfer für mich!" Wilhelm Busch übergibt daraufhin sich und sein Leben Jesus.

Es war eine radikale Lebenswende. Wilhelm Busch weiß sich von Jesus gerufen und gefunden. Und er verspürt den Ruf und den Drang, nach dem Krieg wie sein Vater Pfarrer zu werden. Und schon jetzt liegt ihm besonders die Jugend auf dem Herzen: „Du musst (...)", so sein großer Wunsch, „jungen Menschen sagen, wie sie selig werden können."

Nach Beendigung des Ersten Weltkriegs studiert Busch in Tübingen Theologie. Hier wird er besonders durch die Theologen Karl Heim und Adolf Schlatter geprägt. Ende 1922 wird er dann als „Hilfsprediger" einer Bielefelder Kirchengemeinde zugewiesen, nachdem er zuvor sein Zweites Staatsexamen bestanden hatte. Zwei Jahre später beruft ihn das Presbyterium der Essener Altstadtkirchengemeinde zum Gemeindepastor in einen ihrer Pfarrbezirke. Dieser

13. Pfarrbezirk wird fast ausschließlich von Bergarbeiterfamilien bewohnt. Wird sich der junge, dynamische Pfarrer in diesem rauen, vom Arbeitermilieu geprägten Umfeld bewähren können? Denn viele Arbeiter misstrauten damals der Kirche, die oftmals so wenig Verständnis gezeigt hatte für die sozialen Anliegen und die politischen Forderungen dieser so hart arbeitenden Menschen und der sie vertretenden Parteien. Die Pfarrer nannte man verächtlich „Pfaffen". Nicht wenige erklärten sich offen als Atheisten.

Wilhelm Busch selbst beschreibt seinen Dienstanfang in Essen so: „Nie werde ich vergessen, wie ich an einem trüben November-Tag zum ersten Mal einen Gang durch den Bezirk machte. Geschwärzte Mauern umgaben die drei Kohlenzechen. Riesige Mietskasernen bildeten die Wohnungen für ungezählte Familien. Dazwischen waren wieder Straßen mit kleinen, rußigen Häuslein, die aus alter Zeit noch hier standen. Ich sah Männer torkelnd aus den Kneipen kommen. Ich hörte misstönendes Geschrei aus den Wohnungen. Ich sah Kinder, die das Pflaster aufgegraben hatten, um ein wenig Sand zum Spielen zu finden. (…) Es war mehr als trostlos." Der junge Pastor musste realisieren, dass hier „die Türen und Herzen verschlossen waren für das Evangelium".

Doch Busch nimmt die Herausforderung an: „Mir war klar: In diesem Bezirk hilft nur, dass ich Gott um Vollmacht und um Liebe bitte. Und dann hinein – nach dem Worte Jesu: ‚Siehe, ich sende euch wie Schafe mitten unter die Wölfe.'" Und er beschließt, die Menschen direkt in ihren Häusern aufzusuchen. Denn er will mit ihnen ins Gespräch kommen und ihnen Jesus bezeugen.

Und dann heißt es in seiner Autobiografie *Plaudereien in meinem Studierzimmer* weiter: „Es stellte sich bald heraus, dass die ‚Wölfe' gar nicht so gefährlich waren. Mit der Zeit durfte ich viel Vertrauen erfahren. Oft kam ich gar nicht zu den Besuchen, die ich mir vorgenommen hatte, weil ich auf der Straße immer wieder angehalten wurde, dass ich stundenlang seelsorgerliche Sprechstunden mitten im lärmenden Verkehr abhielt. Wie freute ich mich an jenem Tag, an dem mir ein Polizist fast ärgerlich sagte: ‚Früher holten die Leute uns, wenn es eine Schlägerei gab. Jetzt holen sie den Pastor!' Ja, ‚die Wölfe' waren gar nicht so wild, wie sie sich bei den riesigen politischen Kundgebungen gaben."

Wenn man aber Busch bei seinen Hausbesuchen die Türe vor der Nase zuschlagen will – meist mit dem üblichen Spruch: ,Wir brauchen keinen Pfaffen!' –, dann kann es vorkommen, dass er reaktionsschnell seinen Fuß in den Türspalt schiebt und entwaffnend antwortet: „Es ist wahr! Sie brauchen keinen Pfaffen, aber sie brauchen einen Heiland!"

Mehr und mehr respektierten also die Leute den unerschrockenen, schlagfertigen jungen Pastor, der so gar nicht dem Bild entsprach, das sie sich bislang von einem Pfarrer gemacht hatten. Dass er bei all seinem „Ringen und Menschen-Suchen" zunehmend das Vertrauen der Arbeiter und ihrer Familien gewann, dass führte Busch auch auf den Umstand zurück, „dass die Männer merkten: Ich hatte nichts einzuwenden gegen ihren politischen und gewerkschaftlichen Kampf. Denn die Lebensverhältnisse waren wirklich unerträglich." Oftmals äußert er ihnen gegenüber: „Ich verstehe nicht, dass eure Führer nicht im Namen Gottes Recht fordern. Warum verbinden sie einen gerechten Kampf mit dem Atheismus?" Allerdings sah Busch nicht die Politik als seine Aufgabe an. „Ich wollte", so stellt er fest, „den Namen ,Jesus' bekannt machen. Und der wurde bekannt."

Mitten im Herzen Essens betrieb damals der Pfarrer Wilhelm Weigle in einem großen Jugendheim, das er mit Unterstützung seiner Kirchengemeinde und der Industrie gegründet hatte und das später unter dem Namen „Weigle-Haus" bekannt wurde, eine große, erfolgreiche Jugendarbeit. Und so kann es nicht ausbleiben, dass eines Sonntags auch Wilhelm Busch sich das Haus und seinen Gründer, von denen so viel Lobendes geredet wird, aufsucht. Und er ist nicht nur schwer beeindruckt von der Persönlichkeit des mittlerweile in die Jahre gekommenen ehrwürdigen Weigle, er ist auch fasziniert von dem ganzen Jugendprojekt, dass für Hunderte von Essener Jungen Heimat und Paradies ist in einem. In dem Haus gibt es nicht nur Spielsäle, Lesezimmer, Tischtennisräume und eine ganze Turnhalle, sondern auch Duschgelegenheiten, Dunkelkammern für die Entwicklung von Fotografien, einen Saal, in dem Filme vorgeführt werden, ja sogar eine eigene, auf die Jugendlichen abgestimmte Restauration mit Rollmöpsen und Dauerlutschern ist vorhanden. Und eine riesige Jugendbücherei, die auch Hunderte von Karl May-Bänden umfasst! Um das Haus herum liegt der Spielplatz, wo die Heranwachsenden sich austoben können. Aber es gibt auch Bibelstunden und Gottesdienste für die Jungen. Denn der selbst von Jesus begeisterte Weigle brennt darauf, den Jugendlichen zu vermitteln, dass Jesus auch ihr „bester Freund" sein möchte und sich eine lebendige Glaubensbeziehung zu ihm lohnt.

Die Jugendlichen versehen in dieser „Jungen-Republik" unterschiedliche Gemeinschaftsaufgaben. Ganz bewusst wird ihnen Verantwortung übertragen. Niemand soll in der großen Masse untergehen und mit seinen Nöten und Fragen übersehen werden. Und so sind die Jungen nach Bezirken eingeteilt. Diesen Bezirken steht ein älterer Jugendlicher – einer der vielen freiwilligen Mitarbeiter Weigles – vor, der sich für „seine" Jungen besonders verantwortlich fühlt und sie regelmäßig aufsucht in ihren Familien.

Bei dem Gottesdienst ist Busch von dem begeisterten, schallenden Gesang der rund 800 Jungen erschreckt und beeindruckt zugleich. Sie singen Jesus-Lieder, die nicht in den kirchlichen Gesangbüchern stehen und nach eingängigen „Heilsarmee-Melodien" komponiert sind. Und beim Gebet kniet die ganze Versammlung nieder. Später erklärt Weigle seinem erstaunten Gast: „Wie anders soll ich den Jungen zum Bewusstsein bringen, dass sie wirklich mit dem höchsten Herrn zu tun haben? Er ist es wert, dass wir vor ihm knien." Und was den Gesang und das Liedgut angeht, meinte er: „Sieh, ich kann mit Jungen, die von der Straße hereinkommen, unmöglich reformatorische Choräle singen. Das kommt später. Sie müssen ein Lied haben, wo sie beim zweiten Vers mitmachen können."

Busch hat aber auch imponiert, wie es dem alten Weigle gelang, die konzentrierte Aufmerksamkeit seiner jungen Zuhörer zu gewinnen, so dass sie seinen Worten gespannt lauschten: „Ich habe", erinnert er sich, „sogenannte Jugendführer ‚Ruhe' brüllen hören ohne merkliche Wirkung. Hier genügt eine leicht erhobene, schrecklich zitternde Hand. Weigle spricht. Er redet von Jesus. (...) Seine Rede ist erstaunlich einfach. Der völlig zerfahrene Großstadtjunge, der nicht fünf Minuten lang einen Gedanken fortdenken kann, kann leicht folgen. Die Worte sind so, dass man den alten Mann dort auf dem hohen Podium vergisst und in die Gegenwart des auferstandenen Heilands gestellt wird. Es durchfährt mich: Hier ist nicht Christentum, sondern Christus. Dieser Mann hat nicht eine christliche

‚Weltanschauung'. Er hat es mit der Realität des auferstandenen Herrn zu tun."

Warum an dieser Stelle so ausführlich auf Weigle und sein Jugendhaus eingegangen worden ist, das hängt damit zusammen, dass Wilhelm Busch im Oktober 1929 zum Nachfolger von Wilhelm Weigle als Jugendpfarrer in Essen berufen wurde. Und dass er diesen Dienst bis zu seiner Pensionierung im Jahr 1962 ganz im Sinne seines von ihm so geschätzten Vorgängers weitergeführt und damit auch das innere und äußere Konzept dieser Arbeit übernommen hat. Natürlich mit der besonderen Art seiner eigenen Persönlichkeit und Ausstrahlung versehen. Und auch die von Weigle initiierte B.K.-Arbeit (Bibelkreise für Schüler Höherer Lehranstalten) führte Busch fort.

Auch an Weigles Nachfolger hingen die jungen Menschen! Wie sie „P.B." – so nannten sie Pastor Busch – erlebten, mögen die Aussagen von Diether Posser, dem späteren NRW-Finanzminister, und von Ulrich Parzany, der als Jugendpfarrer von 1967-1984 Buschs Arbeit im Weigle-Haus fortführte, beispielhaft verdeutlichen.

So schreibt Posser in dem Band *Begegnungen mit Wilhelm Busch*: „Ich lernte Wilhelm Busch im Schüler-Bibelkreis kennen, der sich einmal wöchentlich im Weigle-Haus traf. Mitschüler aus höheren Klassen des Burggymnasiums, in das ich 1932 eingeschult wurde, hatten mir begeistert von diesem Jugendpfarrer erzählt. Sie hatten nicht übertrieben: Er hatte die Gabe, mit jungen Menschen umzugehen und ihnen das Evangelium nahezubringen, dass wir uns auf jedes Treffen im Weigle-Haus freuten. Er sprach unsere Sprache und vermittelte die Glaubensinhalte so verständlich und konzentriert, dass nie Langeweile aufkam. (...) Ganz auf junge Leute zugeschnitten war auch das ‚Programm' der Nachmittagsstunden an den Sonntagen: Sport, das Erzählen einer spannenden Geschichte und die Bibelarbeit. (...) Es beeindruckte uns auch, dass Wilhelm Busch, der im Ersten Weltkrieg (...) als Frontoffizier die verlustreichen Schlachten bei Verdun und an der Somme miterlebt hatte, frei von der damals üblichen nationalistischen Schwärmerei und Überheblichkeit war." Auch erinnert sich Posser, dass „manche Gemeindeglieder besorgt (waren), dass Buschs Jugendarbeit mit Sport, Spiel, Erzählstunden, Fahrten, Lagern usw. zu wenig christlich sei; einige verübelten ihm auch, dass er gern helle Anzüge und legere Kleidung trug und nicht stets im Lutherrock (…) erschien. Das waren für ihn Äußerlichkeiten. Entscheidend war, dass die Hauptsache seiner Jugendarbeit in der Verkündigung der biblischen Botschaft für die jungen Menschen lag. Deshalb mied er auch politische, vor allem parteipolitische Äußerungen und Festlegungen in der Öffentlichkeit."

Ulrich Parzany wiederum hatte unmittelbar nach dem Ende des Zweiten Weltkriegs, als er noch ein kleiner Junge war, die von Busch durchgeführten Jugendgottesdienste erlebt, zuerst in einem notdürftig hergerichteten Hotelsaal und dann im Weigle-Haus selbst, das zu jener Zeit noch eine Ruine war. „Was habe ich", schreibt er, „eigentlich damals als sechs-, siebenjähriger Junge begriffen? Behalten habe ich, dass man eng gedrängt auf Stühlen saß, die heute für den Sperrmüll eine Zumutung wären. Und dass man auf Ziegelsteinen durch die Regenpfützen im Saal stolzierte. Wilhelm Busch predigte immer um 8.30 Uhr. Eine halbe Stunde Fußweg lag das Weigle-Haus von unserer damaligen Wohnung entfernt. Als ob das Ganze nicht früh genug war, musste man lange vor Beginn des Gottesdienstes am Ort sein, um einen Sitzplatz abzubekommen. Ich kann mich an die Inhalte der Predigten Buschs in der zweiten Hälfte der 40er Jahre nicht erinnern. Allerdings hat sich mir als Jungen tief eingeprägt: Das Evangelium von Jesus Christus ist eine brandaktuelle, überaus wichtige Botschaft, die zu hören sich unbedingt lohnt. Frühe Zeiten, weite Fußwege und überfüllte Säle werden deshalb gern in Kauf genommen."

Als Parzany dann seit 1955 nach seiner Konfirmation als 14-Jähriger selbst zur Weigle-Jugend gehörte, erhielt er vertieften Einblick in die Jugendarbeit von Wilhelm Busch, der sich – damals bereits 58 Jahre alt – gerne als ältesten Jugendpfarrer der Welt bezeichnete. („Die Jugend fragt nicht nach unserem Alter, sondern danach, ob wir eine ernstzunehmende Botschaft haben. Und die habe ich. Sie heißt: ‚So sehr hat Gott die Welt geliebt, dass er seinen einzigen Sohn gab, damit alle, die an ihn glauben, nicht verloren gehen, sondern das ewige Leben haben.'") Parzany erwähnt, dass „die Gemeinde – vor allem aber wir damals jungen Leute – überaus dankbar (waren), dass Wilhelm Busch als Jugendpfarrer und Evangelist an der Basis arbeitete. Dabei verstand er es, befähigte junge Männer ehrenamtlich mit Leitungsaufgaben der Jugendarbeit zu betrauen und ihnen weiten Spielraum zu lassen. (...) Die praktische Arbeit mit den Jungen lag sowieso in den Händen der ehrenamtlichen Leiter. Diese etwa 18- bis 24-Jährigen leiteten die Stadtbezirksabteilungen und waren für Verkündigung, Seelsorge, pädagogische Gestaltung und Organisation der Jugendarbeit verantwortlich. Wilhelm Busch nahm dabei eine völlig unbestrittene Gesamtleitung wahr. Seine Predigten und Bibelarbeiten waren von großer biblischer Klarheit und seelsorgerlicher Eindringlichkeit. An Busch ist mir deutlich geworden, dass Verkündigung ein wesentliches Element der geistlichen Leitung ist. (...) Wilhelm Busch war ein absolut sicheres Mittel gegen Langeweile. Er konnte eine große Veranstaltung mit ein paar hundert Jungen souverän leiten. (...) Biblische Geschichten erzählte er so packend, dass jedem die aktuellen und persönlichen Bezüge klar wurden. Ich war als Schüler stolz darauf, dass ich in der Jugendarbeit durch Wilhelm Busch viele geistige und künstlerische Impulse bekam und mich damit auf dem humanistischen Gymnasium, das ich besuchte, nicht verstecken musste."(1)

Busch verstand aber nicht nur biblische Geschichten packend wiederzugeben, er verstand es auch, durch seine plastische, lebendige Erzählweise die Jugendlichen mit herausragenden Leuten der Kirchengeschichte vertraut zu machen. Daneben hielt er verschiedentlich Vorträge zu Kunst und Literatur – Gebiete, in denen er sich gut auskannte.

Im Jahr 1931 gründet Wilhelm Busch in seinem Weigle-Haus sogar eine eigene „Universität". Es ist die Zeit der großen Weltwirtschaftskrise. Millionen Menschen sind arbeitslos und in Not und Elend geraten. Die Gesellschaft ist aufgespalten in rechte und linke Parteien und Gruppierungen, die sich unversöhnlich gegenüberstehen. Eines Tages steht ein verzweifelter, arbeitsloser junger Mann vor Wilhelm Busch und klagt ihm seine ganze Not und seine tief empfundene „Wertlosigkeit". Wenn er jetzt in die Ruhr springen würde, so meint er, dann würde ihn keiner vermissen. Im Gegenteil: sein Vater wäre einen unnützen Esser los und der Staat würde die Unterstützung sparen. Da erinnert sich Busch, dass es doch einen gesellschaftlichen „Stand" gibt, der ebenfalls keine produktiven Werte schafft und der sich dennoch alles andere als „wertlos" fühlt: die Studenten! Und in ihm reift der Plan, eine „Universität für Erwerbslose" zu gründen. „Bald versammelten sich", so Busch, „jeden

Morgen fünfhundert strebsame junge Männer in den Räumen des großen Jugendhauses zu ernster Arbeit. Da gab es Gruppen für Englisch, Französisch, Mathematik, Landwirtschaft, Musik, Stenografie, Esperanto, Jiu-Jitsu, Architektur und was man sich nur denken kann." Auch Exkursionen wurden durchgeführt. Als Dozenten konnten Studienräte gewonnen werden oder andere, meist erwerbslose Fachleute. Und jeden Morgen wird der hungrigen „Studentenschaft" ein Frühstück angeboten, das sich Busch zusammenzubetteln weiß. Und so hatten diese jungen Arbeitslosen „wieder einen Lebensinhalt. Man musste früh aufstehen, um rechtzeitig in den ‚Kollegs' zu sein. Man fand neue Freunde. Man lernte andere Standpunkte verstehen. Man hatte Hausaufgaben zu machen" (W. Busch).

Es ist eine bunt gemischte Schar junger Männer, die der Essener Jugendpfarrer auf diese Weise von der Straße holt und der er sinnvolle und interessante Weiterbildungsmöglichkeiten anbietet: SA-Leute und Stahlhelmer, Kommunisten und sozialistische Falken, Nihilisten, Atheisten und überzeugte Jesus-Jünger sind darunter. Manchmal geht es hoch her. Nicht zuletzt in der wöchentlichen „Weltanschauungsstunde", an der alle teilnehmen. In ihr verkündigt Wilhelm Busch dann seinen „Studenten" in einer kurzen Ansprache das Evangelium, wobei Gelegenheit zu anschließender Diskussion gegeben wird. Zum Schluss beantwortet er die an ihn gestellten Fragen. „Diese Stunde", so urteilte er später, „bekam Gewicht. Das liegt am Evangelium von Jesus Christus, durch das Herzen bewegt und Gewissen getroffen werden".

Und dann kamen 1933 in Deutschland die Nazis an die Macht. Der unerschrockene, umtriebige Essener Jugendpfarrer, der mit seiner kompromisslosen Jesus-Botschaft so viele Jugendliche in seinen Bann zieht, wird für sie schon bald zu einem roten Tuch...(2)

Schon früh war Busch klar geworden, dass er sich gegen die innerkirchliche Bewegung der „Deutschen Christen" (DC) stellen müsse, die aus überzeugten Nationalsozialisten bestand und die mit Unterstützung des Staates die Evangelische Kirche personell, organisatorisch und ideologisch zu unterwandern versuchte. (Und der es sogar zeitweise gelang, ihren Frontmann, den Pfarrer Ludwig Müller als „Reichsbischof" zu installieren). Stattdessen schloss sich Busch der „Bekennenden Kirche" an, deren Mitglieder sich gegen die Umgestaltung und Indoktrinierung ihrer Kirche durch die DC positionierten und die auf ihrer Bekenntnissynode 1934 in Wuppertal-Barmen unter der entscheidenden Mitwirkung des Theologen Karl Barth die berühmt gewordene „Barmer Theologische Erklärung" herausgab. In dieser neuen Bekenntnisschrift hieß es u. a.: „Jesus Christus, wie er uns in der Heiligen Schrift bezeugt wird, ist das eine Wort Gottes, das wir zu hören, dem wir im Leben und im Sterben zu vertrauen und zu gehorchen haben. Wir verwerfen die falsche Lehre, als könne und müsse die Kirche als Quelle ihrer Verkündigung außer und neben diesem einen Worte Gottes auch noch andere Ereignisse und Mächte, Gestalten und Wahrheiten als Gottes Offenbarung anerkennen."(3)

Die neuen Machthaber wollten von Anfang an die Jugend unter ihre Kontrolle und ihren Einfluss bekommen. Daher duldeten sie neben der Hitler-Jugend keine Konkurrenz. Nicht nur auf die außerkirchlichen, auch auf die kirchlichen Jugendverbände wuchs der Druck, sich aufzulösen und ihre jugendlichen Mitglieder in die Staatsjugend zu transferieren. So dass schon bald ein Jugendverband nach dem anderen sich „freiwillig" auflöste und sich in die HJ eingliedern ließ.

Busch aber wollte auf jeden Fall mit seiner Jugendarbeit weitermachen. Daraus ergaben sich allerlei Konflikte. Einmal drohte sogar die Gefahr, dass die Hitler-Jugend sein Jugendheim okkupieren würde. „Anfang 1934", berichtet Busch, „war es in Essen Mode geworden, dass die Hitler-Jugend, der damals noch nicht alle angehörten, ab und zu nachts irgendein katholisches oder evangelisches Jugendheim überfiel und besetzte." Das war natürlich illegal. Doch die Polizei stellte sich blind, und die Justiz taub. Wilhelm Busch befürchtet, dass sein großes Klubhaus, mitten im Herzen von Essen gelegen, für die Gebietsführung der HJ ein ideales Quartier abgeben und wohl schon bald besetzt werden würde. Doch sein Jugendheim kampflos der Hitler-Jugend überlassen, das will er als alter Offizier keinesfalls. Er ruft seine Mitarbeiter zusammen und beschließt mit ihnen gemeinsam, dass das Jugendheim verteidigt werden soll. „Und dann haben wir", so Busch, „eine Wache eingerichtet (...), und die Jungen bewaffneten sich so nach und nach mit Schlagringen und mit Gummischläuchen. Ich staunte, was sie alles an Waffen auftrieben. Es war ein ständiger Wechsel, wenn die Schüler zur

Schule mussten, kamen Studenten. Es war also immer jemand da. Es ging hauptsächlich um die Nächte, und da waren es immer 50 Mann, die im Haus schliefen, und ein paar von ihnen hielten Wache."

Und dann ging es eines Nachts wirklich los. Angehörige der Hitler-Jugend versammeln sich vor dem Haus und versuchen es dann gewaltsam einzunehmen. Doch auf den erbitterten Widerstand der Weigle-Haus-Jugendlichen sind sie nicht vorbereitet. (Busch: „Ich hatte meinen Jungs gesagt: ‚Wenn schon, denn schon.'") Die Angreifer beginnen schließlich Richtung Hauptbahnhof zu flüchten, verfolgt von Buschs Jungen. Als am Bahnhof andere Männer mitbekommen, wie die HJ verhauen wird, beteiligen sie sich auch noch an deren Vermöbelung.

Busch und seinen Jungen war also in der Anfangszeit der Naziherrschaft ein Husarenstück geglückt. Da stößt er kurz darauf auf ein Buch des reformierten Pfarrers Joseph Chambon über die Geschichte der französischen Hugenotten. Diese unerschrockenen protestantischen Christen wurden ja im 17. Und 18. Jahrhundert in Frankreich grausam verfolgt. Ihr Versuch, sich mit Gewalt dem Unrecht zu widersetzen, war am Ende gescheitert. Und sie mussten die Erfahrung machen, dass Gott nicht den Weg des gewalttätigen Widerstandes segnet. Wilhelm Busch: „In unserem Jugendkreis wurde das Buch studiert. (…) Wir begriffen plötzlich, was das heißt im Neuen Testament: ‚Wir sind geachtet wie Schlachtschafe. Hier ist Geduld und Glaube der Heiligen.' (…) Wir begriffen auf einmal, was es heißt: Ich stell mich hin und lass mich schlagen und beschimpfen. Das ist der Weg Jesu, wie er nach Golgatha ging. Unser Weg mit dem Verhauen war verkehrt! Das waren schmerzhafte Erkenntnisse."(4)

Inzwischen wurde in Deutschland den konfessionellen Jugendverbänden, die teilweise zäh um ihr Überleben kämpften, ihr Einfluss auf die Jugend immer mehr eingeengt und beschnitten. Schließlich wurden sie sogar ganz verboten. Im Prinzip war an kirchlicher Jugendarbeit nur noch erlaubt, dass man sich zu Gottesdiensten, Bibellese und Gebet traf. Alles andere aber, wie etwa das Tragen einer Verbandskluft, das Hissen der Verbandsfahne, gemeinsame Fahrten und das Singen nichtreligiöser Lieder oder das Betreiben von Sport- und Spielaktivitäten war bei den Zusammenkünften untersagt. Zwar durften noch Freizeiten und Lager durchgeführt werden, sofern sie einen „volksmissionarischen" Charakter trugen, aber auch das wurde zunehmend erschwert.

Im Februar 1934 war dann in Essen der Evangelische Jugendverein aufgelöst worden. Mehrere Wochen blieb das Jugendhaus geschlossen. Doch Wilhelm Busch will sich nicht einschüchtern lassen und kämpft um den Fortbestand seiner Jugendarbeit. Er beginnt formal eine neue Arbeit unter dem Namen „Stadtmission". Und das Jugendhaus firmiert jetzt unter dem Namen „Weigle-Haus". „Im Grunde", so Parzany, „hatte sich nichts geändert. Die Arbeit ging zunächst genau so weiter wie vorher."

Dass der Essener Jugendpfarrer auch weiterhin ideenreich und kreativ vorgeht, indem er auszureizen und auszuloten versucht, was unter den restriktiven Maßnahmen der Regierung ihm an Gestaltungsmöglichkeiten einer kirchlichen Jugendarbeit noch möglich und machbar erscheint, das bleibt natürlich auch der Gestapo nicht verborgen. Immer wieder muss er sich vor ihr rechtfertigen. In einem Schreiben vom Juli 1939 erklärt er der Essener Gestapo u. a.: „Verschiedene Verhöre bei der Geheimen Staatspolizei haben mir gezeigt, dass die von mir getriebene Jugendarbeit in Essen bei Ihnen je und dann den Eindruck erweckt hat, als handle es sich hier um ‚konfessionelle Jugendorganisation'. Das aber ist nicht der Fall. (...) Es handelt sich hier um eine rein kirchliche Gemeindejugend, die in keiner Weise organisatorisch zusammengefasst ist. (...) Die Stunden stehen jedem Jugendlichen so offen wie ein Gottesdienst. (...) Da keinerlei organisatorische Gliederungen bestehen, bin ich als kirchlicher Jugendpfarrer für diese Arbeit allein verantwortlich."

Mehrmals inhaftiert die Gestapo den ihr unbequemen Gottesmann. Die Aufenthalte in den schmierigen, engen und kaum belüfteten und nur wenig erhellten Einzelzellen mit ihren harten, kalten Holzpritschen, aber auch die zermürbenden Verhöre durch die Gestapoleute setzen Busch physisch und psychisch zu. Auch nervlich sind sie für ihn eine große Belastung. Er fühlt sich „geschändet und erniedrigt". Aber er erlebt auch immer wieder, wie Gott ihn in seiner Not und Anfechtung aufrichtet. So saß er einmal mehrere Wochen im Gelsenkirchener Polizeigefängnis ein, ohne recht zu wissen warum. Auch quälte ihn die Ungewissheit, was ihn womöglich noch erwarten wird. „Eines Tages", so Busch, „ging die Zellentür auf, und es erschien ein Wachtmeister: ‚Draußen steht ein alter Mann, der Ihnen einen Korb mit Obst gebracht hat. Das Obst bekommen Sie nicht! Aber die Karte, die dabei war, darf ich Ihnen ausliefern.'" Diese Karte nun enthielt einen Bibelspruch, der Busch „mit seinem Trost geradezu überflutete". Der Überbringer jenes Obstkorbes war im Übrigen Wilhelm Böhm gewesen, der Besitzer des großen Gelsenkirchener Schuhhauses Böhm.

Ulrich Parzany zitiert in seiner dokumentarisch angelegten Wilhelm Busch-Biografie *Im Einsatz für Jesus* häufig aus den Akten der Gestapo, die er einsehen konnte. Einige bezeichnende Aussagen in diesen Akten sollen hier kurz wiedergegeben werden:

So heißt es in einem im Mai 1936 verfassten Gutachten des NSDAP-Kreisleiters über die politische Zuverlässigkeit Wilhelm Buschs: „In der Jugendfrage war Busch stets erbitterter Gegner der NSDAP, zeigte sich dagegen in manchen anderen Punkten nicht ablehnend."(5) Ferner wird darauf hingewiesen, dass es „fest (steht), dass B. auf die kirchlich veranlagten Jungen großen Einfluss ausübt". Doch auch das „enthüllte" das Gutachten: „Im März dieses Jahres hielt Busch einen Schulungsvortrag über die Rassenfrage. Er vertrat hier den Standpunkt, dass vor Gott alle Rassen gleich seien, d. h. es wäre gleich, ob sich eine schwarze, gelbe oder weiße Hand zum Himmel recke. Auf diese Weise versucht er, die Ziele der Bewegung in Bezug auf Rassenfragen zu bagatellisieren und ins Lächerliche zu ziehen." Und nachdem ein von Busch verfasster Artikel moniert worden ist, wird festgehalten: „Busch ist unverbesserlich. Es ist höchste Zeit, dass ihm der Einfluss auf die Jugend genommen wird. Für eine Betätigung in der deutschen Presse kann er unter keinen Umständen mehr in Frage kommen. Die politische Zuverlässigkeit wird unbedingt verneint."

In einer Gestapo-Akte vom 23. April 1937 ist zu lesen: „V-Mann weist nochmals darauf hin, dass Busch in letzter Zeit schlimmere Zersetzungsarbeit leistet als die K.P.D."

Am 25. März 1938 wird Busch von der Essener Gestapo verboten, Bibelfreizeiten selber zu halten. (Inoffiziell wird ihm als Grund dafür

„politische Unzuverlässigkeit" genannt.) In einer nachgeschobenen schriftlichen Mitteilung lässt man Busch wissen, dass sämtliche Freizeiten, bei denen er planerisch oder als Mitarbeiter beteiligt sei, aus staatspolitischen Gründen aufgelöst werden würden.

Im Oktober 1942 führt die Polizei eine große Razzia im Weigle-Haus, im Evangelischen Jugendpfarramt, in Buschs Wohnung sowie in den Wohnungen von zwanzig Mitarbeitern durch. Am 23. November schlägt die Gestapo vor, das Evangelische Jugendwerk in Essen aufzulösen und das Weigle-Haus anderen Zwecken dienstbar zu machen. Es wird darauf hingewiesen, dass „Pfarrer Busch die Gestaltung seiner Jugendarbeit ohne Rücksicht auf die entsprechenden staatlichen Bestimmungen ganz auf den Mitgliederfang abgestellt (hat). Diese abwechslungsreiche Gestaltung der Zusammenkunft fand auch bei den Jungen, die sämtlich der HJ angehören, großen Anklang, so dass sie den Besuch dieser Stunde dem des HJ-Dienstes vorzogen und dadurch zur Vernachlässigung des HJ-Dienstes verleitet wurden. Das Verhalten des Pfarrers Busch ist also ein fortgesetzter Verstoß gegen die Polizeiverordnung gegen die konfessionellen Jugendverbände."

Dennoch ging es am Ende noch einmal gut für Busch aus, zumal auch das Weigle-Haus nicht so einfach beschlagnahmt werden konnte. Denn dem mit Busch befreundeten Essener Rechtsanwalt (und späteren Bundespräsidenten) Gustav Heinemann war es gelungen, „durch eine juristische Konstruktion dieses christliche Jugendzentrum vor dem Zugriff nationalsozialistischer Organisationen zu bewahren" (Diether Posser). Ein privater Trägerverein „Jugendhaus e.V." hatte inzwischen volle und ausschließliche Verfügungsgewalt über das Gebäude mit dem zugehörigen Grundstück. Vorsitzender des Vereins war (und blieb bis zu seiner Wahl zum Bundespräsidenten im Jahr 1969) Dr. Heinemann.

Doch der Gestapo war nicht nur Wilhelm Buschs Jugendarbeit ein Dorn im Auge, sondern auch die inhaltliche Ausrichtung seiner Verkündigung überhaupt und seine harsche Kritik an der „Glaubensbewegung Deutscher Christen" wie auch an gewissen im Umfeld des Nationalsozialismus hervortretenden neuheidnischen Bewegungen.

42

So hatte Busch 1935 in einem von ihm verfassten Flugblatt mit der Überschrift „Dein Wort ist unseres Herzens Trutz" (und dem Untertitel „Ein Weckruf an die evangelische Christenheit") u. a. festgestellt: „In neuer Weise haben sich in unserem Volk Mächte des Unglaubens aufgemacht und ziehen gegen das Evangelium zu Felde. Ob es die modernen Heiden fassen wollen oder nicht – wir haben in der Bibel nicht eine jüdische Erzählung über einen ausgedachten Gott, die wir durch eine deutsche Erzählung oder einen ausgedachten Gott beliebig ersetzen könnten. Wir haben in der Bibel ein Zeugnis von der Offenbarung des lebendigen, wirklichen Gottes. Es ist an der Zeit, dass wir ernster auf die Offenbarung Gottes in Jesus achten." Dass Busch hier angriffslustig und mit offenem Visier um die von ihm als bedroht gesehene rechte Lehre kämpfte, machen die plakativen Hauptschlagzeilen deutlich, mit denen er den Text aufgliederte: „Ein neues Heidentum läuft hasserfüllt Sturm gegen das Evangelium der Bibel." – „Aber wir greifen das moderne Heidentum an! – Warum? – Wir greifen das Heidentum an um seines Götzendienstes willen!" – „Wir greifen das Heidentum an um seines falschen Wahns willen."

Die Folge war, dass die Gestapo Busch vorlud und seine Wohnung durchsuchte. Busch selbst gab der Gestapo zu Protokoll: „Das Flugblatt (...) habe ich verfasst, weil ich als Prediger des Wortes Gottes verpflichtet bin, unsere Gemeinden vor allen Menschenlehren zu warnen, die sie von Christus trennen. Die Deutsche Glaubensbewegung vertritt eine solche Lehre. Gegen sie und ähnliche neuheidnische Bewegungen (Ludendorff u. alle die im Flugblatt aufgeführt sind) richtet sich mein Flugblatt. Auf Vorhalt erkläre ich, dass ich keinen anderen Grund für die Verfassung des Flugblattes gehabt habe."

Bereits zuvor war Busch mit einer Predigt über Apg. 6, 8-15, die er im April 1935 in einem Bekenntnisgottesdienst in einer Bielefelder Kirche gehalten hatte, ins Fettnäpfchen der Gestapo getreten. Der Bericht eines Spitzels über die Aussagen Wilhelm Buschs in seiner Predigt führte dazu, dass die Gestapo die Einleitung eines Strafverfahrens gegen ihn wegen „Kanzelmissbrauchs" bei der Staatsanwalt beantragte. Im Vernehmungsprotokoll der Gestapo vom 3. Mai 1935 gab Busch zu dem Inhalt der von ihm gehaltenen Predigt u. a. an:

„Ich habe etwa wörtlich ausgeführt: ‚Die wahre Kirche Jesu Christi ist zu allen Zeiten in Kampf und Not gekommen. (…) Heute versucht man das große geistliche Ringen um die Erneuerung der Kirche abzutun mit dem Wort ‚Pfarrergezänk‘. Dass es sich nicht um ein Pfarrergezänk handelt, beweist schon die eine Tatsache, dass in Bremen zwei Kirchenälteste (…) um ihres Bekenntnisses willen ins Gefängnis geworfen wurden.‘ (…) Meine Predigt hatte den Zweck, der Gemeinde in der augenblicklichen Notzeit der Kirche ihren Weg nach dem Worte Gottes zu zeigen. (…)

Im zweiten Teil war die Rede davon, worin die Not der Kirche bestehe. In diesem Zusammenhang war die Rede von Pfarrern, die in Konzentrationslagern sind. (…) Als ich von der Not der Kirche sprach, sagte ich zuerst im Anschluss an den Text, dass die Not der Kirche darin bestehe, dass sie durch einen Nebel müsse, den sie aus eigener Kraft nicht lichten könne. (…) Als (…) Beispiel dieses verwirrenden Nebels erwähnte ich die Tatsache, dass die neuheidnische Religion vielfach unter der Flagge ‚Positives Christentum‘ segelt. (…) In dem dritten Teil meiner Predigt kam ich zur Hauptsache. Hier führte ich aus, was die Gemeinde heute an innerer Ausrüstung nötig habe. Als erstes nannte ich hier die Bereitschaft zum Leiden. In diesem Zusammenhang habe ich gesagt, dass der einzige Schutz der Kirche der Herr Jesus selber sei. Sie habe keine Macht, keine Presse (…) und kein Recht. Das letzte Wort bezieht sich auf die allgemein bekannte verwirrte Rechtslage der evgl. Kirche. (…) Wenn ich von Verhaftungen und Unterbringung in Konzentrationslagern gesprochen habe, habe ich diese Tatsache der Gemeinde lediglich mitgeteilt, weil es sich um Glieder der Kirche handelt. Ich habe nicht über Angelegenheiten des Staates, sondern über solche der Kirche gesprochen. Ich hatte nicht die Absicht, meine Zuhörer gegen den Staat aufzuwiegeln. (…) Denn ich habe ausdrücklich gesagt: ‚Die Kirche kann nie sich empören, ihr gilt immer das Wort aus Römer 13, Vers 1: ‚Seid untertan der Obrigkeit, die Gewalt über euch hat.‘ (…) Ich habe rein kirchlich gesprochen. (…)“

Der von der Gestapo gestellte Antrag eines Strafverfahrens in dieser Causa wurde jedoch von der Oberstaatsanwalt beim Sondergericht in Dortmund eingestellt. Begründung: Es könne „nicht mit Sicherheit festgestellt werden, dass sich die Äußerungen des Beschuldigten gegen den Führer und Reichskanzler und nicht nur gegen die

Deutsche Glaubensbewegung und die Deutschen Christen richten sollten".

Im Juli 1939 wird Busch, der häufig zu Predigten, Evangelisationen und Vorträgen da und dort in Deutschland eingeladen wurde, dann durch die Gestapo Düsseldorf ein Redeverbot für das ganze Reichsgebiet erteilt, „da seine Reden fortgesetzt staatsabträgliche Äußerungen enthalten, die geeignet sind, Zwiespalt in die Bevölkerung zu tragen und Ruhe und Ordnung zu stören". Nur in Essen selbst durfte Busch noch predigen. Als er dann im Oktober 1940 die Predigt in einem Festgottesdienst des Weißen Kreuzes im benachbarten Gelsenkirchen hält, nimmt die Gestapo ihn fest und behält ihn für etwa drei Wochen in Haft. „Bei seiner Entlassung", so ist in einer Notiz in der Gestapo-Akte zu lesen, „wurde er (d. i. Busch; M.H.) eindringlich gewarnt mit dem Hinweis, dass er mit einer Überführung in ein Konzentrationslager zu rechnen habe, falls er noch einmal das Redeverbot übertreten sollte."

Wilhelm Busch war, wie an anderer Stelle schon erwähnt, aktives Mitglied der Bekennenden Kirche. Sein diesbezügliches Engagement drückte sich auch darin aus, dass er für den Bereich der Bekennenden Gemeinden in Essen die Leitung des Vikarkonvents innehatte. „Wie das praktisch verlief", berichtet Heinz Johannsen in dem Sammelband *Begegnungen mit Wilhelm Busch*, „erlebte ich mit anderen illegalen Hilfspredigern aus verschiedenen Bekenntnisgemeinden im Raum von Groß-Essen, die alle wie ich in einer Arbeit steckten, die von der DC-Kirchenleitung verboten wurde. Wir trafen uns regelmäßig bei Pfarrer Busch, dem die Betreuung der „Illegalen" übertragen worden war. Nach dem Austausch über die aktuelle kirchliche Lage wurde theologisch gearbeitet."

Als die Evangelische Kirche im Rheinland ebenso wie verschiedene andere evangelische Landeskirchen von ihren Pastoren die Ablegung eines Treueeides auf Hitler forderte, verweigerte Wilhelm Busch eine derartige Eidesleistung. („Viele schworen. Ich bekam keine Klarheit. Der Termin verstrich.")

Herbert Demmer, der 1962 unmittelbarer Nachfolger von Wilhelm Busch in der Leitung der Weigle-Haus-Arbeit wurde, berichtete einmal davon, wie Busch einem jüdischen Jugendlichen verhalf, sich ins Ausland abzusetzen: „Ein Junge war durch seine Verkündigung im Weigle-Haus zum Glauben gekommen. Nach den Gesetzen des Hitler-Reiches war er Jude. Kurz vor Beginn des Krieges gelang es Pastor Busch unter großer Gefahr für sich selbst, diesen Jungen aus seiner Arbeit über Holland nach Amerika zu schleusen, wo sich Freunde von Wilhelm Busch seiner annahmen. Alle Verwandten dieses Jungen wurden wenig später aus der Stadt vertrieben und ermordet."

Obwohl sich also Wilhelm Busch auf mancherlei Weise während der Naziherrschaft bewährt hat, so bekannte er gleichwohl einmal in den Sechzigerjahren (nachdem unlängst Hochhuths Stück „Der Stellvertreter" erschienen und auf die Bühne gekommen war) in einem Vortrag: „(...) es ist ganz offensichtlich, was Hochhuth sagen will: Nicht nur der Papst, sondern ihr Kirchen habt geschwiegen, als die Juden vor euren Augen nach Auschwitz in die Verbrennungsöfen abtransportiert wurden. Und als einer, der diese Zeit miterlebt hat, kann ich nur sagen: Diese Anklage der jungen Generation ist richtig. Statt gegen die Aufführungen zu demonstrieren, hielte ich es für richtiger, wenn auch die Kirchen sagten: ‚Jawohl, wir haben schrecklich versagt!' Wenn ich geschrien hätte, wie ich heute weiß, dass ich hätte schreien sollen, stünde ich jetzt nicht hier, sondern wäre in Plötzensee hingerichtet worden."

Bei der auffallenden evangelistischen Begabung Buschs blieb es auch nach dem Zweiten Weltkrieg nicht aus, dass er immer wieder um auswärtige Evangelisationsdienste gebeten wurde. Verschiedentlich nahm er dann seine jungen Mitarbeiter mit und führte mit ihnen am Verkündigungsort gleichzeitig eine Freizeit durch. Natürlich wurden die jungen Männer dabei auch ganz praktisch bei seiner Evangelisationsarbeit eingesetzt. Etwa indem sie auf Straßen und Plätzen wie Heilsarmisten ihre Gitarrensaiten malträtierten und dabei ihre Lieder sangen und zwischendurch zu den Vorträgen einluden, in den Veranstaltungen dann den Chor unterstützten oder auch mit ihren Songs und Zeugnissen im Vorprogramm auftraten.

Fasziniert folgten die Hörer Buschs Ansprachen. Durch seine direkte, persönliche und überaus eindringlichen Art der Verkündigung, durch seine vielen praktischen Beispiele und mitgeteilten Erlebnisse, aber auch durch seine humorvollen Einschübe zog er die Versammlungen in seinen Bann. Dabei machte er aber nie sich selbst groß, sondern immer nur Jesus! Im Mittelpunkt seiner Botschaft stand stets der gekreuzigte, auferstandene und wiederkommende Herr, stand die Bitte: Lasst euch versöhnen mit Gott! Denn Busch wusste um die Sündhaftigkeit des Menschen einerseits und um die Majestät, Größe und Heiligkeit Gottes andererseits.(6) Und er war überwältigt davon, wie Gott in seiner Liebe und seinem großen Erbarmen dem Menschen nachgeht und ihm die Gelegenheit gibt, mit seiner Schuld zu Jesus zu kommen und das Leben ihm anzuvertrauen und zu unterstellen und so ein Kind Gottes zu werden. Und wenn Wilhelm Busch auch vor vielen hundert Menschen und mehr sprach, so sprach er doch – wie Johannes Hansen es empfand – „nicht zur Masse, sondern zu lauter einzelnen Menschen". Buschs Bestreben war, so zu sprechen, „wie man auf der Straße miteinander redet".

Wenn Wilhelm Busch evangelisierte, dann war spürbar, dass er sich in seinem Element befand und (sich) sein besonderes Charisma entfaltete. Umso eigenartiger ist es, dass er nicht selten vor einem Predigteinsatz auffallend verzagt und niedergedrückt war und deshalb dafür dankbar war, wenn vorab jemand mit ihm betete. „Als Wilhelm Busch dann sprach", erinnerte sich Karl-Heinz Ehring, nachdem er in einer solchen Situation mit ihm gemeinsam gebetet hatte, „traute ich meinen Augen und Ohren nicht. Er predigte so gewaltig von Jesus und fesselte die Zuhörer so stark, dass ich nur staunen und danken konnte."

„Jesus unser Schicksal!"(7) Das war Buschs Generalthema. („Wenn ich auf Jesus komme, dann schlägt mein Herz höher, dann geht mein Puls schneller, dann bin ich bei dem Thema meines Lebens.") Als ein typisches Beispiel seiner Verkündigung und Jesus-Botschaft sei folgender Auszug aus einer evangelistischen Verteilschrift Buschs („Gott!? – Wie kann er das alles zulassen?") wiedergegeben:

„Gott will unsere Rettung. Darum mahnt er uns durch sein Wort und durch erschütternde Ereignisse: ‚Kehret um! Wendet euch zu mir, aller Welt Enden! So werdet ihr errettet!' Weil es so steht, heißt es in der Bibel: ‚Gott ist die Liebe!' Das ist etwas ganz anderes als der harmlose ‚liebe Gott'.

Diese große Wahrheit ging mir an einem Erlebnis auf: Ich stand an einem furchtbaren Abend in einem düsteren Hof. Am Tag vorher war über unsre Stadt Essen ein schrecklicher Fliegerangriff niedergegangen. Nun hatte man einen verschütteten Bunker aufgegraben und die Toten herausgeholt. Da lagen sie um mich her: 70 Menschen, die ich zum Teil gekannt hatte. Alte Männer, Frauen (…) – und Kinder! Liebe, kleine Kinder! Da lagen sie erstickt, erwürgt, tot! Im Geist sah ich ein Bild vor mir: Kinder, die im Sonnenschein auf einer Blumenwiese spielen. So sollten Kinder aufwachsen! Und nun dieses! Da schrie mein Herz auf: ,Gott! Wo warst du denn? Wo bist du! Wie kannst du dies zulassen?'

Es kam keine Antwort. (…) Aber dann tauchte ein Bild vor mir auf: Ich sah Jesus am Kreuz. ,So sehr hat Gott die Welt geliebt, dass er seinen Sohn gab, auf dass alle, die an ihn glauben, gerettet werden.' Ich sah: Dies Kreuz ist ein Fanal, ein Fanal der Liebe Gottes, das er in dieser schrecklichen Welt aufgerichtet hat. Ich verstehe nicht seine Wege. Ich entsetze mich, wie er die Welt ,dahingeben' kann. Aber hier, vom Kreuz Jesu, strahlt Licht. Hier sehe ich in Gottes Herz. Hier liebt er mich und will durch seine Liebe mich zu sich ziehen."

Natürlich konnte Busch aber nicht nur evangelistisch predigen. Er hielt ja auch viele Bibelstunden, sprach auf Kirchentagen und Glaubenskonferenzen. Von vielen Gläubigen wurden die von ihm souverän geleiteten jährlichen „Tersteegensruh-Konferenzen" in Essen und Mülheim/Ruhr besucht. Und in dem christlichen Monatsblatt „Licht und Leben" legte er fortlaufend biblische Texte aus. „Als Schriftleiter von ,Licht und Leben'", so der mit Busch befreundete Pfarrer Paul Deitenbeck, „war er geschätzt und gefürchtet bis in Kirchenleitungen hinein. Man wartete jeden Monat gespannt auf das Blatt, das biblische Kost, Informationen, Warnung und Wegweisung gab." Völlig zu Recht bezeichnet dann auch Johannes Hansen Wilhelm Busch als „einen der wichtigsten Gestalter des innerkirchlichen Pietismus nach dem Kriege".

Die Entwicklung seiner von ihm geliebten Evangelischen Kirche verfolgte Busch mit Sorge. Er nahm daran Anstoß, dass ihre missionarische Leidenschaft im Schwinden begriffen war oder auch ganz fehlte. Herbert Demmer, der selbst fünf Jahre Jugendpfarrer im

Essener Weigle-Haus war und später Leiter des Volksmissionarischen Amtes der Evangelischen Kirche in Witten, erwähnt, dass daraufhin „sein Glaubensbekenntnis auch Protest (wurde) gegen eine Kirche, die Gefahr zu laufen schien, ihre eigentliche Aufgabe zu verfehlen. Er sah, dass viel Kraft und Zeit darauf verwandt wurden, mannigfaltige Ordnungen zu schaffen, statt mit aller Kraft und Zeit den Verlorenen nachzugehen. Er musste erleben, dass vielerlei liturgische Erneuerungsversuche unternommen wurden, statt in der Sprache von heute dem Menschen von heute das Heil in Jesus Christus zu sagen. Er stellte fest, dass ein falsches Anpassungsbemühen Denken und Handeln weithin beherrschte, statt den ‚modernen Menschen‘ mit dem Worte Gottes zu konfrontieren.“

Und so konstatierte Busch dann auch: „Wir Pietisten haben allezeit einen Zwei-Fronten-Krieg führen müssen. Wenn die Theologen die Orthodoxie predigten – also ‚reine Lehre‘ ohne Heiligung des Lebens –, dann standen die Pietisten auf und verkündeten ‚Bekehrung‘ und ‚Heiligung‘. Wenn aber die Theologie die Wahrheit der Bibel angriff, das Bekenntnis veränderte und die Bibel kritisierte, dann standen die Pietisten auf und riefen: ‚Wenn dein Wort nicht mehr soll gelten, worauf soll der Glaube ruhn?‘ Der Orthodoxie gegenüber hat der Pietismus das ‚Leben aus Gott‘ zu bezeugen. Der modernen Theologie gegenüber bezeugt er die Wahrhaftigkeit der Bibel. (…) Wir Pietisten sind nun die schwarzen Schafe, weil wir an die uneingeschränkte Geltung der Bibel glauben und an die großen Taten Gottes, wirklich geschehen zu unserem Heil.“

Wilhelm Busch war ein fröhlicher und temperamentvoller (und manchmal auch ungeduldiger) Mensch. Stets blieb er natürlich. Ein ganzer Mensch, ein ganzer Christ – diese Charakterisierung drängt sich einem bei der Beschäftigung mit seiner Person auf.(8) Doch er musste in seinem Leben auch durch Leidvolles gehen – und das betraf nicht nur seine Nöte in der Nazizeit. So traf ihn der Verlust seiner beiden Söhne überaus schwer. Der eine verstarb im zarten Alter von vierzehn Monaten an plötzlichem Herzversagen. Der andere verblutete während des Zweiten Weltkriegs als junger Soldat „irgendwo in Russland“. Busch hatte sehr an dem frühen Tod seiner Söhne zu tragen.(9)

Bis zuletzt war Wilhelm Busch rastlos tätig. Allerdings ließ seine gesundheitliche Verfassung zunehmend nach. Bis er dann plötzlich am 20. Juni 1966 in einem Hotel in Lübeck im Alter von 69 Jahren verstarb. Er befand sich gerade auf der Rückreise aus der DDR von einer Evangelisationswoche, die er in Saßnitz auf Rügen gehalten hatte. Hier hatte er am letzten Abend der Veranstaltungsreihe in der überfüllten Kirche über das Thema „Was hat man denn von einem Leben mit Gott?" gesprochen. Dabei wies er darauf hin, dass Gott in Jesus Christus eine dreifache Mauer durchbrochen habe: die Mauer der anderen Dimension, die Mauer der Schuld und die Mauer des Todes. Und er selbst bekannte: „Ich weiß, dass ich, wenn ich in diesem Leben die Augen schließe, in der Ewigkeit bei Jesus sein und ihn sehen werde." Als er dann am 24. Juni 1966 in Essen beigesetzt wurde, begleiteten Tausende von Menschen seinen Sarg auf dem Weg von der Auferstehungskirche zum nahe gelegenen Ostfriedhof.

Anmerkungen

(1) Das Gegenstück zu dem unmittelbaren, persönlichen Zugang zur Person Jesu und seiner unverändert brandaktuellen Heilsbotschaft, wie er es bei Busch erlebte, nahm Parzany dann in seinem späteren Theologiestudium wahr: „Im Studium merkte ich dann", bemerkt er, „wie viele Theologen Jesus wie eine Leiche von gestern sezieren und dann kunstvolle Theorien entwickeln, wie man das Gestrige den heutigen Menschen vermitteln könne. Etwas ganz anderes ist der Glaube an den auferstandenen Jesus Christus, der zur Auferweckung der Toten, zum Gericht und zur Neuschaffung der Welt wiederkommt. Er kommt von vorn. Er ist aktueller als die Tageszeitung. Ihn müssen wir nicht krampfhaft aktualisieren, um ihn für die modernen Kunden akzeptabel zu machen."

(2) Dass es von Anfang an zu „gefährlichen Reibungen" zwischen seiner Arbeit und der Partei gab, führte Busch in einem Vortrag in den 60er Jahren auf die „Grundfrage der damaligen Zeit" zurück: „Wer darf eigentlich über unser Gewissen verfügen?". Weiter meinte er: „Die jungen Burschen, die in mein Weigle-Haus kamen, hatten gelernt, dass unser Gewissen an das Wort Gottes gebunden werden muss. (...) Wir haben alle ein Gewissen, jeder von uns. Das heißt, wir wissen alle, dass es gut und böse gibt. Aber wer bestimmt denn, was gut und böse ist? Nach welchen Herren richten Sie sich denn? Wer verfügt denn über Ihr Gewissen – etwa in sexuellen Fragen oder im Umgang mit Geld oder mit Wahrheit und Lüge? Die öffentliche Meinung oder Ihre Arbeitskollegen? (...) Luther sagte: ‚Mein Gewissen ist gefangen in Gottes Wort.' Meine jungen Freunde haben

gelernt: Der Herr Jesus muss über mein Gewissen verfügen. Nun kam der Staat mit der Partei (...). Gleich von Anfang an fand hier der Griff ins Innerste des Menschen statt. Die Partei bestimmte, was gut war. Das gab ganz praktische Reibungen."

(3) In seiner Autobiografie *Plaudereien in meinem Studierzimmer* kommt Wilhelm Busch auch auf den Theologen Richard Rothe (1799-1867) zu sprechen, der gefordert hatte, dass „die Kirche in die Welt hinein" und diese „ganz und gar durchdringen" müsse. In Bezug auf diese Meinung schreibt Busch: „Wir erlebten im Hitler-Staat, wie man mit diesen Gedanken Ernst machte. Bald war eine Bewegung, die ‚Deutschen Christen‘, entstanden. Diese Leute rissen im Jahr 1933 die Macht in der Kirche an sich. Sie wollten genau das, was Richard Rothe meinte: ‚Wir dürfen nicht abseits stehen! Wir müssen als Kirche hinein in die SA, in die SS, in den Staat. Ja, wir müssen geradezu aufgehen in dem neuen Staat als das Salz, das sittliche Salz!‘ So tönte die ‚deutsch-christliche‘ Propaganda (...) Damals, im Jahr 1933, geschah es, dass die Kirche sich ermannte und sich besann auf ihre eigentliche Aufgabe. Man besann sich darauf, dass die Kirche ein Werk Gottes ist, der sie durch den Heiligen Geist baut. Man verstand wieder, dass die Kirche keinen anderen Herrn hat als den Herrn Jesus Christus, der für uns gestorben und wieder von den Toten auferstanden ist. Es kam zu dem Kirchenkampf. (...) Der Angriff der ‚Deutschen Christen‘ wurde abgeschlagen." Aber dann musste Busch erleben, wie später nach dem 2. Welt-krieg „der Geist Richard Rothes" zurückkehrte: „Wieder einmal reißt man alle Zäune zwischen der Kirche und der Welt weg. Wieder einmal versucht die Kirche in selbstmörderischer Weise, sich zu verlieren an die Welt."

(4) In diesem Zusammenhang wies Busch auch auf das Verhältnis des Christen zur Politik hin, indem er ausführte: „Man verstehe mich jetzt nicht falsch! Es handelt sich hier um die Kirche in der Verfolgung. Grundsätzlich anders ist die Haltung des Christen und seine politische Verantwortung in einer Demokratie. Davon kann gar nicht ernst genug gesprochen werden. Ich bin überzeugt, dass die politische Gleichgültigkeit vieler Christen und die reaktionäre Haltung weiter kirchlicher Kreise mit schuld war am Untergang der Weimarer Republik und so am Entstehen des ‚Dritten Reiches‘. In einer Demokratie genügt es nicht, ‚der Obrigkeit untertan‘ zu sein. Da wird mehr von uns verlangt an Verantwortung. Kommt aber die Christenheit in die Verfolgung, dann (...) darf sie nur (...) mit geistlichen Waffen kämpfen. Die aber sind Glaube, Geduld, Zeugnis und Bereitschaft zum Leiden."

(5) Parzany merkt hierzu an: „Dass Busch von seiner nationalen Grund-haltung her den Anfängen des Nationalsozialismus gegenüber eine diffe-

renzierte Haltung eingenommen hat, ist von untergeordneter Bedeutung gegenüber der Tatsache, dass er schon im Dezember 1933 öffentlich die Konfrontation mit dem nazihörigen deutsch-christlichen Reichsbischof Müller aufnahm." (Damals hatte Busch in einem Telegramm an Ludwig Müller gegen die Eingliederung der evangelischen Jugend in die HJ, die Müller mit den Nazis vereinbart hatte, heftig protestiert, dem Bischof Wortbruch vorgeworfen und ihm das Recht zur Durchführung dieser Eingliederung abgesprochen und ihn wissen lassen, diese Abmachung nicht anerkennen zu wollen. Daraufhin hatte ihn die rheinische Kirchenleitung vorübergehend vom Dienst suspendiert. Wilhelm Busch: „Aber die Jugendarbeit ging weiter. Unser Slogan war: ‚Der Bischof hat eine Ware verkauft, die ihm gar nicht gehört.")

(6) Wilhelm Busch war der Überzeugung, dass „der Prediger die Sünde richten (muss), dass die schuldbeladenen Gewissen vor Gott offenbar werden." Allerdings stellte er auch fest: „Wie kann er das mit Vollmacht tun, wenn er nicht selber beständig unter dem Todesurteil Gottes über sein altes Wesen steht? Das Wort Gottes, das wir verkündigen, kann sich an unseren Hörern nur dann als richtendes Schwert erweisen, wenn wir selbst zuvor gerichtet wurden."

(7) „Jesus unser Schicksal" – unter dieses beziehungsreiche Oberthema (Hitler selbst berief sich ja gerne auf das „Schicksal") wurden im „Dritten Reich" in Essen während der Karnevalszeit Evangelisationsveranstaltungen gestellt, die in verschiedenen Kirchen der Stadt parallel durchgeführt wurden und sich über mehrere Tage erstreckten. Nach Parzany war Busch der „Motor" dieser Kampagne, die von ihm auch initiiert worden war. Nach seinem Tod im Jahr 1966 veröffentlichte der Schriftenmissionsverlag Gladbeck unter dem Titel „Jesus unser Schicksal" siebzehn von Wilhelm Busch gehaltene evangelistische Vorträge, die auf Tonband aufgenommen waren. Dieses Buch wurde ein christlicher Longseller! Es ist bis zum heutigen Tag immer wieder neu aufgelegt worden. Seine Auflagen haben schon längst die Millionenhöhe überschritten. Auch in andere Sprachen wurde der Bestseller übersetzt.

(8) Und so war Busch auch – bei all seiner Entschiedenheit in Glaubensdingen und gewissen Moralfragen – frei von engherziger Gesetzlichkeit. Sehr schön lässt das ein Bericht von Paul Deitenbeck über das Zusammensein mit Busch während der Tersteegensruh-Konferenzen erkennen. „Während der Konferenztage", schreibt Deitenbeck, „waren Referenten und Freunde zu Gast im Pfarrhaus Busch. Seine Frau verstand es, fürstlich zu bewirten. (…) Nach dem Mittagessen wurden die Gäste in die verschiedenen Räume und Ecken der Wohnung gebeten. Die einen in ein Ruhezimmer, die anderen in eine Raucherecke, die dritten zu einer Runde mit einem Glas Wein. Die Blaukreuzler in einen anderen Raum. Der Gastgeber

pflegte zu sagen: ‚In diesem Hause darf man alles, nur nicht dem anderen etwas übelnehmen.‘ – Und dann die ‚apostolischen Abende‘. Müde und abgespannt von den Konferenztagen saß man zwanglos zusammen. Erfahrungen aus der Konferenz oder andere persönliche und gemeindliche Freuden und Nöte wurden ausgetauscht. Busch und andere tranken dankbar ein Glas Wein, Vater Tegtmeier und ich als Blaukreuzler nicht. Zur Entspannung rauchte der Gastgeber eine Pfeife und andere mit ihm.“

Buschs „Weitherzigkeit“ drückte sich aber auch darin auch, dass er, der ein ungebrochenes Verhältnis zur Verlässlichkeit und Glaubwürdigkeit der Bibel besaß, gleichwohl „die Gemeinschaft nicht auf(kündigte), wo einer mit diesem oder jenem Wunder Schwierigkeiten hatte“. Denn er war, so Parzany, „kein Fundamentalist in dem Sinne, dass er die Gültigkeit und Unfehlbarkeit der Bibel durch eine Verbalinspiration beweisen wollte. (…) Aber er selbst stand ganz vorbehaltlos zur Schrift. Und dieses Vertrauen war eine Ursache seiner Vollmacht. Er verschwendete keine Zeit auf krampfhafte Versuche, die Bibel zu verteidigen. Die Bibel erweist sich selbst als Gottes Wort – das war seine Grundvoraussetzung.“

(9) In *Plaudereien in meinem Studierzimmer* bekennt Busch in Hinblick auf den Verlust seiner Jungen: „Ja, Christen haben Trost! Und doch – der Schmerz bleibt. Als ich kürzlich einem lieben alten Freund heimlich klagte: ‚Ich komme nicht drüber, dass ich mein Leben der männlichen Jugend weihen durfte und meine eigenen Söhne mir entrissen wurden‘ – da sagte er nur den kurzen Satz: ‚Wenn man nicht drüber-kommt, dann muss man drunter-bleiben.‘ – Und nun fällt mein fragender Blick wieder auf das Bild des alten Bodelschwingh: ‚Musstest du auch drunter-bleiben?‘ Da ist es mir, als nicke er mir zu und sage: ‚Ja, drunter-bleiben. Du weißt ja, lieber Bruder, das Wort, das in unserm Neuen Testament mit ‚Geduld‘ übersetzt wird, heißt im griechischen Text ‚Hypomoná‘, das bedeutet wörtlich: ‚Drunterbleibung‘.“ (In Buschs Studierzimmer hing – neben vielen anderen Fotos von bekannten Christen – auch das Bild von Friedrich von Bodelschwingh, dem einst in ganz kurzer Zeit vier kleine Kinder entrissen wurden.)

Exkurs:

Gemeinsam mit Heinemann gegen die Wiederbewaffnung der BRD und die Atomwaffen

In seinem Buch *Im Einsatz für Jesus. Pastor Wilhelm Busch* untersucht und dokumentiert Ulrich Parzany auch ausführlich Buschs politisches Engagement nach dem Zweiten Weltkrieg, bei dem er sich – was nicht bei jedem gut ankam – klar gegen die Wiederbewaffnung der Bundesrepublik und die Aufrüstung mit Atomwaffen positionierte. Wie es zu dieser politischen Sichtweise bzw. Kehrtwende bei ihm kam, erklärt Parzany so: „Als Freiwilliger zog Busch voller Begeisterung in den Ersten Weltkrieg. Er kämpfte 1919 im Studentenfreikorps mit, das die kommunistischen Unruhen in Stuttgart niederwarf. Im Jahre 1920, während des Kapp-Putsches und der nachfolgenden kommunistischen Unruhen, gehörte er dem Freikorps von Neufville in Frankfurt/Main an. Und er war stolz darauf, ein Offizier zu sein. Wilhelm Buschs nationale Gesinnung ist unter den Unrechtstaten des ‚Dritten Reiches' gestorben. Er hat das Unrecht, das den Juden geschah, miterlebt. In seinem Haus gingen bedrängte jüdische Freunde ein und aus. Unter den Eindrücken des totalen Krieges wurde er zum Pazifisten. Sein Sohn fiel im Osten ebenso wie sein jüngster Bruder Friedrich. Auch die grauenvollen Bombennächte in Essen brachten ihn zu der Erkenntnis, dass solch furchtbares Morden in keinem Fall mehr als Mittel der Politik in Frage kommen dürfe."

Der damalige Bundeskanzler Adenauer setzte nach dem Krieg darauf, die Bundesrepublik eng an die Westmächte zu binden – auch militärisch. Das schloss eine Wiederaufrüstung seines Landes ein. Seine politischen Gegner sahen darin das Ziel einer Wiedervereinigung Deutschlands gefährdet. Adenauer jedoch argumentierte, dass sich mit der Sowjetunion nur durch eine Politik der Stärke erfolgversprechend über die Herausgabe der DDR verhandeln ließe. Gegen Adenauers Intentionen sprachen sich besonders deutlich der Pfarrer Martin Niemöller und der Jurist und Politiker Gustav Heinemann aus. (Letzterer war bekanntlich 1. Vorsitzender des Vereins Jugendhaus e. V., dem Träger des Weigle-Hauses, und überdies ein treuer Besucher von Buschs Gottesdiensten.) Ihnen bot Busch in der Dezemberausgabe von „Licht und Leben" (im Jahr 1954) eine Plattform zur Darlegung ihres Standpunktes. Einleitend schrieb Busch damals: „Jeder empfindet, dass die Berichterstattung in der Presse außerordentlich verwirrend ist. Wir haben uns darum an D. Niemöller und an Dr. Dr. Heinemann gewandt und sie gebeten: Bitte schreiben Sie uns kurz und bündig, um was es ihnen geht. (…) Dies zu erfahren scheint uns wichtig zu sein. Beide Männer kennen wir als Christen, mit denen wir im Glauben verbunden sind. Wir sind überzeugt, dass das, was sie vertreten, aus ihrer

Verantwortung vor Gott kommt. Und darum ist es wichtig, dass die Christenheit es hört und erwägt."

Bereits im Februar 1952 hatte Busch nicht nur einen gegen die Wieder-bewaffnung gerichteten Artikel von Heinemann in LuL veröffentlicht, son-dern auch einen Aufruf der „Notgemeinschaft für den Frieden Europas", die u. a. von Gustav Heinemann, Diether Posser, Adolf Scheu und Helene Wessel gegründet worden war. In dem Aufruf hieß es: „Das deutsche Volk ist mit geringen Ausnahmen instinktiv gegen eine westdeutsche Aufrüstung und für eine friedliche Wiedervereinigung Deutschlands. Es gibt aber im Grundgesetz keine andere Möglichkeit, diesem Willen des Volkes Ausdruck zu geben, als durch eine Petition an den Bundestag. (…) Wir rufen deshalb zur Sammlung von Unterschriften unter nachstehender Petition auf. (…)" Busch meinte zum Abdruck dieses Aufrufs: „Ich fühle mich verpflichtet, unsern Lesern Kenntnis zu geben von diesem Aufruf der ‚Notgemeinschaft für den Frieden Europas'. In dieser Sache sind ernste Christen im Gewissen getrieben, zu handeln. Ich habe noch in keiner Zeitung diesen Aufruf gefunden. In solchem Falle sind die christlichen Blätter verpflichtet, diesem Gewissensanliegen Ausdruck zu geben."

Nachdem Busch zahlreiche kritische Zuschriften zu dem Abdruck erhalten hatte, begründete er sein Verhalten in der LuL-Ausgabe vom März 1952 so: „Hier in dieser Sache reden Christen aus ihrem an Gott gebundenen Gewissen heraus. Da sollten sie bei Christen wenigstens Gehör finden. Ich habe in keiner Zeitung den Aufruf der Notgemeinschaft für den Frieden Europas gelesen, wohl aber endlose und ermüdende Karnevalsberichte. (…) Und auch wer anderer Ansicht ist, sollte wenigstens die innere Ruhe aufbringen, das Gewissensanliegen der anderen zu hören. Christen sind jedem Fanatismus abhold! Jetzt muss ich noch ganz persönlich sagen: Ich bin überzeugt, dass Gott uns in vergangenen Jahren deutlich gezeigt hat, dass es falsch ist, sein Vertrauen auf Waffen zu setzen. Darum habe ich diese Petition unterschrieben." Und in Klammern fügt Busch ganz bewusst hinzu: „Ich habe Brüder im Glauben, die es nicht getan haben. Die sind auch weiterhin meine Brüder, wie ich der ihre zu sein hoffe!"

Wie sehr Busch an einem offen und brüderlich ausgetragenen Diskurs gelegen war, belegen besonders deutlich auch seine Schlusssätze in seinem Beitrag „Westdeutsche Soldaten!" (in LuL 1/1955), der Gedanken eines Artikels von Heinemann über den Kriegsdienst aufnimmt und erneut die Remilitarisierung Westdeutschlands ablehnt. „Ich habe wirklich Brüder im Glauben", stellt er fest, „die meine Ausführungen empörend finden. Sie werden trotzdem meine Brüder sein und ich der ihrige. Ich sehe also an ihnen, dass man als Christ über die Aufrüstungsfrage auch anders denken kann. Aber wir wollen uns alle im Folgenden einig sein: – Dass man in der Gemeinde Jesu über die Fragen sprechen muss; – Dass wir unser Urteil bilden müssen vor Gott, frei von nationalistischen Erwägungen, traditionellen Gebundenheiten und rechthaberischem Wesen; - Dass die Einheit der Gemeinde Jesu im Glauben gegeben ist. Je mehr solche Fragen uns Not bereiten, desto fester wird die Einheit im Glauben werden."

Als ebenfalls noch in den Fünfzigerjahren die USA (aber auch die UdSSR) ihre Streitkräfte mit Atomwaffen aufrüsteten und auch Adenauer und sein Verteidigungsminister Strauß für die Bundesrepublik derartige Waffen wünschten, verlagerte sich die politische Debatte auf das Für und Wider der Atombewaffnung. Busch selbst vertrat die Ansicht: „Wir Christen können nicht in Böses einwilligen, damit Gutes daraus werde." Und in einem weiteren LuL-Beitrag führte er aus: „Immer wieder findet man in christlichen Blättern ein entschiedenes Eintreten für die Aufrüstung mit Atomwaffen. (…) Wenn nun aber ein Christ ein Wort gegen die Aufrüstung sagt, dann geht ein wildes Geschrei los. (…) Es hat mit Politik und Beurteilung der Weltlage überhaupt nichts zu tun, wenn ich mir die Frage vorlege: Kann ich als Christ ja sagen zu Waffen, die keine Waffen mehr sind, sondern Massenvernichtungsmittel? (…) Wir müssen nein sagen! Wir müssen warnen! Wir müssen schreien: Hört auf mit diesen furchtbaren Kernwaffenversuchen! Es geht nicht an, dass Menschen mit solchen Waffen experimentieren und drohen. (…)"

Aber darf und soll sich ein Christ überhaupt in die Politik einmischen? Auch über diese Frage wurde heftig diskutiert. Heinemann bejahte diese Frage in seinem LuL-Arikel „Politische Verantwortung" vom Januar 1964. (Obgleich er zugestand: „Freilich ist nicht jeder verpflichtet, politisch aktiv zu sein. Gottes Gaben für uns Menschen sind unterschiedlich.") Und auch Busch schließt sich gegen die Meinung vieler LuL-Leser Heinemanns Ansicht an, indem er ein gutes Jahr später schreibt: „Wir Älteren wissen doch das genau, dass wir im Nazi-Reich versagt haben. (…) Und nun leben wir in einer Demokratie. Da ist es mit in unsere Hand gegeben, wie wir regiert werden. (…) Wir sind mit verantwortlich – ob wir wollen oder nicht." Und er ärgert sich, dass zahlreiche Christen „Leuten wie Dr. Heinemann oder Prof. Gollwitzer" ihr politisches Engagement vorwerfen, und erklärt: „Nicht die Zugehörigkeit zu einer bestimmten Partei, sondern die Zugehörigkeit zu Jesus Christus schafft die Gemeinschaft unter Christen. (…) Um es noch einmal zu sagen: Wir alle sind verantwortlich für die christliche Gemeinde wie für die bürgerliche Gemeinde. (…) Ich möchte in aller Deutlichkeit sagen, dass hier nur von unserer politischen Verantwortung die Rede sein soll, nicht von dieser oder jener Partei. Aber es geht auf keinen Fall, dass wir christliche Brüder, weil sie in einer anderen Partei als der unsrigen tätig sind, einfach abschreiben. Wir müssen doch begreifen: Nicht alle Leute, die in der ‚christlichen' Partei sind, sind darum Christen. Und nicht alle Leute, die in einer anderen Partei sind, sind Heiden. Wir müssen uns doch klarmachen, dass Christen in allen Parteien sein können. Und wir bleiben

Brüder, auch wenn wir verschiedene politische Überzeugungen haben. Hüten wir uns vor politischem Fanatismus!"

Parzany resümiert: „In allen politischen Debatten, die eigentlich bis zum Schluss in ‚Licht und Leben' je und dann stattgefunden haben, ist zweierlei an Buschs Haltung zu bemerken: Erstens: Er bekennt sich eindeutig zu seiner politischen Meinung in Fragen, die das Gewissen berühren. Zweitens: Er betont nachdrücklich, dass er mit allen Christen durch Jesus und die Vergebung der Sünden verbunden ist, auch wenn sie politisch anderer Meinung sind als er."

Literatur- und Quellennachweis

Busch, Wilhelm: Ein Leben ohne Alltag. In: K. Heimbucher/T. Thoma (Hrsg.): Diener Jesu Christi. Bekannte Persönlichkeiten berichten aus ihrem Leben. Bad Liebenzell 1987, S. 19-23

Busch, Wilhelm: Freiheit aus dem Evangelium. Meine Erlebnisse mit der Geheimen Staatspolizei. Neukirchen-Vluyn 1985

Busch, Wilhelm: Gott!? – Wie kann er das alles zulassen? Gladbeck 1975 (11. Aufl.)

Busch, Wilhelm: Jesus unser Schicksal. Vorträge nach Tonbändern. Neukirchen-Vluyn 1996 (37. Aufl.)

Busch, Wilhelm: Plaudereien in meinem Studierzimmer. Neukirchen-Vluyn 1988 (8. Aufl.)

Pastor Wilhelm Busch erzählt. (Auswahlband) Stuttgart 1972

Bühne, Wolfgang: Ungewöhnliche Bekehrungen. In: fest und treu 4/2019

Pagel, Arno (Hrsg.): Sie wiesen auf Jesus. Marburg 1978, S. 16-24

Parzany, Ulrich: Im Einsatz für Jesus. Pastor Wilhelm Busch. Meinerzhagen 2017 (3. Überarb. Aufl.)

Parzany, Ulrich: „Jesus unser Schicksal" (Zum 100. Geb. von Wilhelm Busch). In: ideaSpektrum 13/1997

Artikel in der WAZ, Lokalteil Essen (4.4.1997): Pfarrer Busch verweigerte Hitler den Eid

Paul Deitenbeck: Bibeltreu, aber nicht kleinkariert

Paul Deitenbeck ist am 13. Juli 1912 in der im nördlichen Sauerland gelegenen Stadt Lüdenscheid geboren worden. Sein Vater, Gustav Deitenbeck, war hier Werkmeister in einer Fabrik. Er ist ein frommer Mann gewesen, geprägt von der Erweckungsbewegung, die um die Jahrhundertwende in diesem Landstrich ausgebrochen war. Als sein nur wenige Wochen alter Sohn Paul lebensgefährlich an Brech- durchfall erkrankte und der Arzt den bleichen Säugling schon aufge- geben hatte, da kniete er im Nebenzimmer nieder und bat Gott inständig um das Leben seines Kindes. Daraufhin kam wieder Leben in den kleinen, abgezehrten Körper.

Pauls Eltern gehörten der örtlichen Landeskirchlichen Gemeinschaft „Philadelphia" an. Sie war von Gustav Deitenbecks Bruder Robert um 1900 gegründet worden. Wenige Jahre später errichtete die junge Gemeinschaft ein eigenes Gebäude, das Haus „Immanuel". In ihm haben auch der Lüdenscheider CVJM und das Blaue Kreuz ihr Zuhause. Und auch an diesen Gründungen war Onkel Robert maß- geblich beteiligt. Er ist es auch gewesen, der kurz nach der Geburt seines Neffen Paul am Bett seiner Schwägerin niedergekniet war und den Jungen dem Dienst im Reiche Gottes anbefohlen hatte.

Das gläubige Elternhaus und die frühe Teilnahme an den Veran- staltungen im Umfeld der Landeskirchlichen Gemeinschaft („schon im Kinderwagen wurde ich zu Allianzveranstaltungen gefahren") hat Paul Deitenbeck nie als etwas Aufgezwungenes empfunden, son- dern als etwas Positives erlebt. Denn er erfuhr nicht nur viel Liebe, Geborgenheit und Akzeptanz durch seine Eltern, die ihr Christsein in einer authentisch-natürlichen Weise lebten, sondern er fühlte sich auch wohl und zuhause in dem frommen Background von Landes- kirchlicher Gemeinschaft und CVJM. „In den Stunden der Landes- kirchlichen Gemeinschaft und im CVJM", meinte er rückblickend, „wurde ich (...) davon beeindruckt, wie Väter und Mütter dort mit jungen Leuten – in Bibelstunden und persönlichen Unterhaltungen – von ihren Erfahrungen mit Christus sprachen. Das weckte in mir die Sehnsucht, so glauben zu können, wie ich es bei meinen Eltern und diesen Christen erlebte. Ich beneidete sie um ihre Dankbarkeit, ihre schenkende Aufmerksamkeit, ihr Fröhlichsein und ihre Bibelkennt- nis."

Doch auch wenn Paul Deitenbeck es von klein auf gewohnt ist, zu beten und in der Bibel zu lesen, – so weit wie die anderen ist er in dem Erleben seines eigenen Glaubens nun einmal in der Zeit seiner Kindheit und Jugend noch nicht. Und seine Eltern sind weise genug, ihn nicht zu einer „Bekehrung" zu nötigen. Aber ihr Vorbild und das so mancher „Glaubensgeschwister" sprechen als Einladung für ein verbindliches Leben in der Nachfolge Jesu mehr als viele Worte und voreiliges Drängen.

Nachdem Paul Deitenbeck zunächst für einige Jahre die Volks-schule besucht hat, wechselt er über auf das Lüdenscheider Gymnasium. Hier hinterlässt vor allem sein Deutsch- und Religions-lehrer Borchers positive Spuren für seinen weiteren Lebensweg. („Er hat mir wesentlich geholfen, die Bibel zu verstehen. Bei ihm habe ich gelernt, zwischen den Zeilen zu lesen, den Wortlaut vor seinem geschichtlichen Hintergrund, etwa durch das Hinzuziehen von Parallelstellen, besser zu verstehen und so neue Entdeckungen am Text der Bibel zu machen. (…) Im Deutschunterricht bei Borchers haben wir auch gelernt, an Goethes Faust und den Werken anderer Klassiker, dass der Geist des Idealismus nicht der Heilige Geist ist. Es gibt keine Synonyme. (…) Der Heilige Geist ist immer der ganz andere. Dadurch habe ich gelernt, trotz aller Liebe zur Philosophie und ihren Schriftstellern, beide nie auf Kosten des Wortes der Bibel zur letztgültigen Instanz zu erheben.")

Dieser Studienrat ist es dann auch gewesen, der Pauls Vater rät, seinen Sohn nach dem Abitur Theologie studieren zu lassen: „Lassen Sie Paul Pfarrer werden, denn bei ihm schimmert in allen Aufsätzen und auch im Unterricht immer wieder der Glaube durch." Eine eigenartige, auf einem Umweg erfolgte „Berufung" ins Pfarramt bedeutete das für den Abiturienten, der selbst doch gar kein eigenes Berufungserlebnis gehabt hatte und sich überdies aufgrund seiner ihm eigenen Schüchternheit gar nicht recht vorstellen konnte, einmal vor anderen Menschen sprechen zu sollen. Zumal er infolge seiner geringen Körpergröße in seiner Schulklasse stets zu den „Kleinen" gehörte.

Aber da nun einmal so (über ihn) entschieden war, akzeptierte er die Entscheidung seines Vaters und des von ihm verehrten Lehrers. Als Studienort wird Münster gewählt. Münster liegt ja im Westfälischen und ist von Lüdenscheid nicht gar so weit entfernt. Vielleicht aber hat bei der Wahl des Studienortes auch mitgespielt, dass an der Theologischen Fakultät der dortigen Universität der Theologe Otto Schmitz lehrte, ein Wegbereiter und Unterstützer der erwecklich ausgerichteten „Deutschen Christlichen Studentenvereinigung" (DCSV). Paul Deitenbeck selbst hat später geurteilt, dass es „eine wunderbare Treue Gottes" gewesen sei, „dass es ohne Bruch von dem erweckten Elternhaus in das Theologiestudium ging. Die tragende Brücke dazu war die Geborgenheit in der Lebensgemeinschaft der Deutschen Christlichen Studentenvereinigung." Zu Otto Schmitz, bei dem Deitenbeck das Neue Testament studierte und systematische Fächer belegte, hatte er auch persönlich einen guten, vertrauensvollen Kontakt. Dass in seinem Wohnzimmer der in Holz geschnitzte Spruch hing „Jesus nimmt die Sünder an und isst mit ihnen", fand der Lüdenscheider Student besonders aufschlussreich. („Damit hatte der Theologe Schmitz uns eigentlich das Wesentliche gesagt.")

Später studierte Deitenbeck auch noch an der Universität in Tübingen. Diese war ihm wegen der dort lehrenden Theologen Karl Heim und Adolf Schlatter, die auch im Pietismus hohes Ansehen genossen, besonders empfohlen worden. Zwar war Letzterer bei Deitenbecks Wechsel bereits im Ruhestand, doch war der neue Student bei dem Studentenkreis zugelassen, der sich einmal in der Woche in der Wohnung des alten, originellen Schlatter traf.

Bei Karl Heim, dem einstigen Sekretär der DCSV, hörte Deitenbeck Vorlesungen über den Römer- und Korintherbrief. Doch besonders beeindruckte ihn – wie so viele andere Studenten damals – ein Kolleg, das der auch mit naturwissenschaftlichen Fragen bestens vertraute Heim zu dem Thema „Christentum und Naturwissenschaft" abhielt. Deitenbeck: „Er erklärte uns damals Zusammenhänge der Atomphysik (…), die wir erst viel später begriffen. Er sagte: ‚Der letzte Ursprung der Materie ist sowohl Stoff wie auch Bewegung. (…) Der Mensch denke, das Letzte sei das Stoffliche; es sei aber zugleich Bewegung.' Auch die Quantenphysik von Max Planck, den ich ebenfalls kennengelernt habe, hatte er bereits verarbeitet. Sein Schluss daraus: der sogenannte Quantensprung eröffne die Möglichkeit, dass es neben den kausal erklärbaren und den von der Naturwissenschaft erforschbaren Ergebnissen auch sogenannte

‚Kontingente Ereignisse' gebe, die nicht mehr kausal erklärbar seien; die Theorie des Quantensprungs biete jedoch die Möglichkeit, sie als realistisch zu akzeptieren. Damit würden auch die Wunder von Jesus zur realistischen Denkmöglichkeit. Naturwissenschaft und Medizin kämen mit der Basis des kausalen Begreifens nicht mehr aus, auch sie müssten sich für die Erkenntnis öffnen, dass es Dinge gibt, die man kausal nicht mehr erklären kann."

Dieser Karl Heim sollte nun auf eine ganz besondere Weise in das Leben Paul Deitenbecks eingreifen. Und das trotz (oder gerade wegen?) der ausgesprochenen Schlichtheit, die diesen Vorgang auszeichnete. Obwohl Deitenbeck in den letzten Jahren in seinem Christsein und Glauben weiter gewachsen war, bedurfte er noch eines letzten Anstoßes, um sein Christsein auch verbindlich „festzumachen". Während einer gottesdienstlichen Predigt von Karl Heim entsteht in ihm das Verlangen, sich in dieser noch nicht geklärten Angelegenheit seinem Professor anzuvertrauen. Und so sucht er diesen dann auch in dessen Sprechstunde auf. Heim erwartet zunächst, dass Deitenbeck eines theologischen Problems wegen zu ihm gekommen sei. Doch dieser kann nur hervorstoßen: „Ich möchte endgültig Ernst machen mit Jesus. Ich möchte persönlich glauben." Und dann berichtet er von seiner Kindheit in einem gläubigen Elternhaus, von den Glaubensanstößen, die er durch Mitglieder der Landeskirchlichen Gemeinschaft und auch durch seinen Religionslehrer erhalten habe. Er zweifle auch nicht am Versöhnungswerk Jesu am Kreuz und an seiner Auferstehung. Aber ihm fehle die persönliche Glaubens- und Heilsgewissheit.

Nachdem Karl Heim dem jungen Mann ruhig zugehört hat, sagt er zu ihm nicht mehr als drei, vier Sätze: „Sie brauchen nichts anderes zu tun, als Gott für Ihr Elternhaus und für die Führungen in Ihrem Leben zu danken. Und dann übergeben Sie Ihr Leben Gott: mit Leib und Seele, Vergangenheit, Gegenwart und Zukunft. So beginnt persönliches Christsein." Und dann war der Student auch schon entlassen.

Wenn Deitenbeck über dieses Geschehen bei Karl Heim und die daraus entstandenen Folgen erzählt, dann ist die eigene Verblüfftheit – verbunden mit einer tief empfundenen Dankbarkeit – kaum zu überhören, auch wenn er ganz sachlich, fast notizartig vermerkt:

„Kein Appell, kein Gebet, keine Aufforderung selbst zu beten, nichts. Heim gab mir nur die Hand und sagte: ‚Auf Wiedersehen!'" Und dann fährt Deitenbeck fort: „Ich kehrte geradewegs in meine Studentenbude zurück, kniete nieder und weinte vor Freude. Meine Eltern merkten anschließend an den Briefen, dass mit mir eine Veränderung vorgegangen sein musste. Und auch die Kommilitonen fragten: ‚Was ist eigentlich los mit dir?' – So bin ich zum Glauben an Jesus Christus gekommen: ohne jedes Drängen, ohne formellen Akt. (...) Ein Mann, bei dem ich spürte, dass er ein Priester war, gab mir die Hand. Das war alles. Für mich ist dies ein eindrückliches Beispiel dafür geworden, dass es für die innere Umkehr eines Menschen, für seine Heimkehr zu Gott keine Schablonen und Formeln gibt. Gott hat unendlich viele Möglichkeiten, mit einem Menschen zu handeln und ihm zu begegnen, und wir haben ihm nicht vorzuschreiben, welche er im Einzelfall jeweils anzuwenden hat."

Seine Abschlussexamina legte Deitenbeck dann vor Vertretern der Bekennenden Kirche (BK) in Münster ab, zu denen auch Otto Schmitz gehörte. Anschließend absolvierte er sein erstes Vikariat bei Pastor Baudert in Lüdenscheid, der später Bischof der Brüdergemeine werden sollte. Die taktvolle und kindlich gläubige Art dieses Mannes beeindruckte den jungen Vikar stark und nachhaltig. Als Deitenbeck seine erste Predigt halten musste und von daher sehr ängstlich und aufgeregt war, ließ Baudert ihn wissen, dass er im zuhören werde „wie ein Kind".

Später wird Deitenbeck von der vorläufigen BK-Kirchenleitung auf ein katechetisches Seminar nach Berlin geschickt. Dabei lernt er auch die volksmissionarisch angelegte Gemeindearbeit der Berliner Stadtmission und ihren Missionsinspektor, den bekannten Pfarrer Erich Schnepel kennen. Der ist von dem Mann aus Lüdenscheid derart angetan, dass er ihn spontan einlädt, bei ihm das Vikariat fortzusetzen. Der BK-Bruderrat stimmt nicht nur zu, sondern erlässt Deitenbeck auch den Besuch eines weiteren Predigerseminars. („Wenn Sie in die Stadtmission von Erich Schnepel kommen, lernen Sie mehr für Predigt und Hausbesuche als in jeder theologischen Unterweisung.")

Diese Einschätzung sollte sich in der Folgezeit nur zu sehr bestätigen. Nach seinen eigenen Worten war für Deitenbeck sein Vikariat in der Großstadt Berlin „nicht nur Arbeitsplatz, sondern vor allem Lehrstelle, die ihresgleichen sucht: denn hier lernte ich das Paradigma, das Musterbeispiel einer lebendigen Gemeinde kennen. Gestandene Väter und Mütter im Glauben, urwüchsig und originell, waren ihre geistlichen Stützen. Wir haben Gottesdienste, Bibelstunden und Arbeitsgemeinschaften miteinander gehalten. Schnepel hielt regelmäßig auch kirchengeschichtliche Vorträge, (...) Er wollte missionieren und den Christen zur Mündigkeit verhelfen." Da sein Vikariatsvater oft zu auswärtigen Evangelisationsdiensten gerufen wird, muss Deitenbeck nicht nur in dem großen, tausend Menschen fassenden Gemeindehaus der Stadtmission selbst predigen, sondern während der Abwesenheit Schnepels auch die Seelsorgearbeit vertretungsweise übernehmen.

Regelmäßig führt die Gemeinde missionarische Straßeneinsätze durch. Mit dabei ist natürlich auch der junge Vikar. Und wenn in den Innenhöfen zwischen den riesigen Mietskasernen des Berliner Ostens, in dem die Stadtmission ihr Zuhause hat, die Gemeindeglieder ihre Heilslieder singen und zu den Veranstaltungen der Gemeinde eingeladen wird, dann kann es schon mal passieren, dass Bewohner Geldstücke hinunterwerfen – oder aber auch Blumentöpfe. Doch auch in die kleineren Siedlungen vor der Stadt zieht man hinaus. Aus diesem Engagement der Berliner Stadtmission entstanden in der Mark Brandenburg manche christlichen Hauskreise.

Seine letzte Vikariatsstelle trat Deitenbeck dann bei der Inneren Mission in Bielefeld an, wo er an der Seite von Pastor Pawlowski arbeitete. Auch dieses Vikariat machte ihm die Verzahnung von volksmissionarischem und sozialem Dienst deutlich. Hinzu kamen Kontakte zu Friedrich (Fritz) von Bodelschwingh d. J., dem Leiter der Betheler Anstalten. Bei diesem kindlichgläubigen Mann „lernte er, wie die diakonische Arbeit der Betheler Anstalten und (...) die gründliche wissenschaftliche Arbeit vorbildlich miteinander zu verknüpfen waren" (K. v. Orle). Deitenbeck saß nicht nur oft im Bodelschwinghs Arbeitszimmer, sondern hörte an der Theologischen Hochschule Bethel auch eine Vorlesung von ihm über den Hebräerbrief. („Da lehrte ein Mann, der sorgfältig in den Urtext hineingehorcht hatte und in seiner Exegese doch den Seelsorger von Bethel nicht verleugnete.") Später hat Deitenbeck geäußert, dass seine Vikariatszeiten überlagert gewesen seien, „von dem

Ernst des Kirchenkampfes im Dritten Reich, der mich in die Reihen der Bekennenden Kirche führte. Es ging schon damals um die große Entscheidung, ob die Christusbotschaft in ihrem vollen biblischen Reichtum unverkürzt verkündigt werden sollte oder nicht."

Doch auch ein anderes Ereignis aus Deitenbecks Vikariatszeit sollte seine Spuren hinterlassen – und das sein Leben lang. Gemeint ist seine im Kriegsjahr 1940 erfolgte Heirat mit Hildegard Müller, die er in der Lüdenscheider Jugendarbeit kennengelernt hatte und die ihn in ihrer praktischen und nüchternen Art zeitlebens hervorragend ergänzte.

Während des Jahres 1942 erhält Deitenbeck dann seinen Einberufungsbefehl. Er kommt zunächst zu einer Ausbildungskompanie in Augsburg und wird anschließend auf eine Funkerschule geschickt, wo er zum Peilfunker ausgebildet wird. Dann wird er dem Fliegerhorst Neukuhren an der Bernsteinküste zugewiesen und später nach Russland abkommandiert. Anschließend geht es wieder nach Ostpreußen.

Am Tag vor seiner Einberufung hatte Deitenbeck von einem gläubigen alten Veteranen des Ersten Weltkrieges den Rat bekommen: „Du musst als Christ vor allem darauf achten, dass du ein guter Kamerad bist. Das kann für manche eine Brücke zum Evangelium werden. Durch unkameradschaftliches Verhalten wirst du alles verderben, was du den anderen vielleicht über deinen Glauben hast sagen können." Deitenbeck hat sich bemüht, diesen Rat zu beherzigen und erlebte dabei, dass die Stubenkameraden in der Kaserne sein Christsein respektierten: „Sie tolerierten, dass ich meine Stille Zeit hielt, die Losung las und still für mich betete. ‚Er liest wieder in seinem Buch', brummten sie, und damit ließen sie es bewenden."(1)

Im April 1945 muss Deitenbeck miterleben, wie die Russen die „Festung Königsberg" einnehmen. Über das finale Ereignis berichtet er: „Dann kam der 9. April und mit ihm unser schwerstes Fronterlebnis. (...) Die Stalinorgeln heulten und deckten uns mit ihren Raketen zu. Mitten im Bersten der Granaten habe ich gebetet. (...) Dieses Beten vollzog sich in den innersten Bereichen des Menschseins, aber ich weiß noch genau den Sinn: ‚Herr, wenn du auf dieser

Erde noch eine Aufgabe für mich hast, dann wirst du mich aus diesem Feuer herausbringen. Und sonst nimm mich auf in dein Reich."' Am frühen Morgen des darauffolgenden Tages kapituliert die „Festung Königsberg". Die von der Mannschaft noch übriggebliebenen Soldaten kommen in russische Gefangenschaft. Unter ihnen ist auch Paul Deitenbeck. In der Folgezeit wird er „Hunger, Heimweh, Tränen und Angst" erleben – aber auch Gottes Hindurchhelfen und -tragen.

Deitenbeck gibt seinen Kameraden in den Baracken des Gefangenenlagers Nikolajew jeden Tag einen Bibelvers als Losung mit. Auch stellt er ihnen sein kleines Taschentestament zur Verfügung, das auf diese Weise von Hand zu Hand geht. Wie froh ist er jetzt, da er seine Bibel anderen überlassen hat, dass er viele Bibeltexte und Liedverse früher auswendig gelernt hat! Hin und wieder kann er auch einen provisorischen Gottesdienst abhalten.

Ansonsten ist der Lageralltag sehr hart. Die schwere Arbeit, die eisige Kälte und die Mangelernährung sind nur schwer zu ertragen. Doch Deitenbeck erlebt auch dankbar immer wieder ganz konkret Gottes Freundlichkeit. Etwa, wenn russische Zivilisten über den Zaun einer Baustelle den Kriegsgefangenen etwas zuwerfen, zum Beispiel eine Tomate oder einen Zigarillo. Oder wenn er von einem Kameraden unverhofft etwas zugesteckt bekommt. Dann ist es, als ob Menschen zu Boten Gottes werden. „Unvergesslich bleibt mir", berichtet Paul Deitenbeck, „der Heilige Abend 1947 (…) Nach der Heimkehr vom Arbeitseinsatz fand ich im Lager auf meiner Matratze ein Päckchen, in Zementpapier eingewickelt. Darin war eine halbe Scheibe Brot. Darauf ein Zettel mit den Worten: ‚Ich will an andern üben, was Gott an mir getan.' Ein 19-jähriger Kamerad hatte mir dieses kostbare Weihnachtsgeschenk zugedacht. So will der Glaube sich in der Liebe immer neu verleiblichen." Tief beschämt ist Deitenbeck aber auch, als einmal ein mitgefangener Glaubensbruder aus einer Freikirche, den er um etwas Tabak für seine Pfeife bittet – Rauchen war unter den Gefangenen ein probates Mittel, um das beständige, quälende Hungergefühl ein wenig zu betäuben –, ihm statt der erwarteten kleinen Prise billigen russischen Machorkas ein ganzes Päckchen mit feinstem amerikanischen Tabak überlässt. Wobei er dem verdutzten und von der außergewöhnlichen Großzügigkeit überwältigten Empfänger nur zu verstehen gibt, dass seine Mutter ihm immer gesagt habe: „Die Liebe tut ein ganzes Werk."

Nach etwa einem Jahr Gefangenschaft (und einem geplanten, dann aber doch aufgegebenen Fluchtversuch) fühlt sich Deitenbeck zu folgender Gebetsbitte gedrängt: „Herr, vor der von dir bestimmten Zeit kann ich nicht heim, will ich nicht heim. Bis dahin steht jeder Tag unter deiner allertreusten Fürsorge und Seelsorge. Schenk mir einen volksmissionarisch-seelsorgerlichen Dienst in die Weite unter Rückendeckung der Gemeinde (...) Du wirst mich zu deiner wunderbaren Stunde und auf deine wunderbare Weise freimachen. Gib mir Gnade zum vollen Auslauf meiner Berufung." Diese Bitte um eine „übergemeindliche Aufgabe in Volksmission und Seelsorge" für den Fall seiner Heimkehr wurde nun zu seinem täglichen Gebet.

Eines Tages, im Frühjahr 1948, wird Deitenbeck zum Lagerkommandanten bestellt. Zu seiner großen Überraschung teilt man ihm mit, dass er gemäß einer Anordnung der Moskauer Regierung vorzeitig entlassen werde. Daraufhin wird er zunächst nach Moskau gebracht. Hier muss er dann noch ein halbes Jahr warten, bis er endlich im September 1948 mit anderen Heimkehrern im deutschen Durchgangslager Friedland ankommt. Aber warum hatte man ihn überhaupt sechs Monate zuvor aus dem russischen Lager entlassen? Rückblickend meinte Deitenbeck: „Es ist mir bis heute ein Geheimnis, wie die Wahl auf mich fallen konnte. Ich war kein Kommunist, mein Vater kein Gewerkschaftsmann. Da wurde aus allen Gefangenenlagern Russlands je ein Mann ausgewählt und im September 1948 mit einem Sondertransport in die Heimat geschickt – und ausgerechnet ich, Paul Deitenbeck, war darunter. Vielleicht hätte ich sonst noch jahrelang warten müssen. Damals hat Gott es wahr gemacht: ‚auf deine wunderbare Weise – zu deiner wunderbaren Zeit'."

Am 22. September ist der Kriegsheimkehrer Paul Deitenbeck dann wieder in seiner Heimatstadt Lüdenscheid gelandet. Dass der Lehrtext aus den Herrnhuter Losungen für diesen Tag lautet: „Denn mir ist eine Tür aufgetan zu reichem Wirken; aber auch viele Widersacher sind da" (1 Kor 16,9) ist ihm eine Ermutigung. Und obwohl er von der langen Gefangenschaft noch körperlich und seelisch gezeichnet ist und das Einleben in die gewohnte Umgebung wieder neu gelernt werden muss, so kann er doch sogleich seinem Dienst als Pfarrer nachgehen. Denn noch während seiner Abwesenheit war ihm von dem für den Kirchenkreis Lüdenscheid zuständigen Superintendenten eine Stelle als Jugendpfarrer frei gehalten worden. Gleichzeitig bekleidet er das Amt eines Synodalpfarrers für Volksmission und Seelsorge. Aufgabenbereiche also, die gut zu Deitenbeck passen.

Er richtet Jugendgottesdienste ein, die überaus gut besucht werden. Einmal im Jahr lässt er eine Jugendevangelisation in der großen Lüdenscheider Schützenhalle stattfinden, die auf derart großes Interesse stößt, dass sie oftmals sogar wegen Überfüllung geschlossen werden muss. Als Verkündiger kann der neue Jugendpastor evangelistisch begabte Amtsbrüder, wie etwa Wilhelm Busch oder Heinrich Kemner, gewinnen. Für die Mitarbeiter in der Jugendarbeit organisiert und leitet er Freizeittreffen in einer Jugendherberge.

1952 wird in Lüdenscheid eine weitere evangelische Kirche gebaut. In unmittelbarer Nähe zum Haus von Paul Deitenbecks Eltern, in dem er nun selbst mit seiner Frau und seinen Kindern wohnt. Zu seinen Lebzeiten hatte der Vater dafür gebetet, dass dieses Haus einmal ein Pfarrhaus werden möge. Als sein Sohn in Gefangenschaft war, hatte er dann sogar mehrmals mit Bestimmtheit die Äußerung getan: „Dieses Haus wird Pfarrhaus, und Paul wird darin Pfarrer." Und auch in Bezug auf das in der Nähe liegende freie Grundstück war er sich sicher gewesen, dass „da 'ne Kirche hinkommt". Nach seinem Tod nun wurde also nicht nur auf jenem Gelände tatsächlich eine Kirche gebaut, sondern sein Sohn wurde auch Pfarrer dieser neuen „Kreuzkirche". Denn kurz vor Einweihung des Gotteshauses wechselte einer der beiden vorgesehenen Pastoren nach Hamm – und der Superintendent und das Presbyterium der Gemeinde trugen Deitenbeck die frei gewordene Stelle an.

Der ist auch weiterhin rege und kreativ, wenn es darum geht, „die Schallmauer der Kirche zu durchbrechen, um auf jede uns mögliche Weise Menschen zum Glauben an Christus zu rufen". In dichtbesiedelten Gebieten der Stadt führt er mit Mitgliedern aus seiner Gemeinde nach den Sonntagsgottesdiensten straßenmissionarische Einsätze durch. (Das hat er ja bei Schnepel im Berliner Osten gelernt!) Dabei hält er eine kurze, mit Humor gewürzte Ansprache. Chöre singen und Jugendliche verteilen christliche Schriften. Auch führt er in der Stadt besondere Abende für Krankenschwestern und Ehepaare durch.

Großen Zuspruch finden auch die an jedem Pfingstmontag abgehaltenen Waldgottesdienste an der Glörtalsperre. Oft sind es mehrere tausend Menschen, die diese gottesdienstlichen Freiluftversammlungen besuchen.

Erwähnt werden sollte aber auch die sogenannte Fabrikmission, die er im Winter 1954/55 zusammen mit einigen Mitarbeitern – sie gehörten größtenteils dem Posaunenchor an – ins Leben rief. Fabrikunternehmer in Lüdenscheid und der angrenzenden Region wurden persönlich kontaktiert und um ihre Bereitschaft gebeten, in ihren Werken halbstündige „Betriebliche Feierpausen" von Deitenbeck und seiner „Mannschaft" durchführen zu lassen. Das sollte während der Arbeitszeit geschehen, die dann für die Dauer der Veranstaltung unterbrochen werden durfte. Viele Arbeitgeber gaben ihre Erlaubnis, so dass Im Laufe der Zeit in über 200 Fabriken diese unkonventionellen geistlichen Einsätze stattfinden konnten. Heilslieder mit ihren eingängigen Melodien wurden gesungen, die Posaunenbläser gaben ihr Bestes, ehrenamtliche Mitarbeiter, die aus demselben Milieu kamen wie die Fabrikarbeiter, übernahmen die kurzen Verkündigungseinheiten. Deitenbeck selbst war lediglich für die Moderation oder auch das Grußwort zuständig. Der Theologe und Kirchenhistoriker Klaus vom Orde hebt hervor, dass mit dieser Form von „Fabrikmission", wie Deitenbeck sie entwickelt hatte, folgende drei Dinge kennzeichnend waren:

„1. Es wurde damit die ‚Geh'-Richtung geändert: Nicht die Kirche wartet auf Besucher, sondern die Kirche geht zu den Arbeitern.

2. Es wurden soziale Barrieren zwischen dem akademisch gebildeten Geistlichen und den Menschen aus der Handwerks- und Fabrikarbeiterschicht niederzureißen versucht.

3. Es wurde schließlich das biblische Prinzip des Allgemeinen Priestertums aller Glaubenden umgesetzt."

Dass Deitenbeck auch noch Zeit für Hausbesuche fand, ist erstaunlich. Doch er hielt diesen Teil seines pastoralen Dienstes für besonders wichtig und zählte ihn zu seinen liebsten Aufgaben. Und so war er bemüht, nach Möglichkeit „keinen Geburtstag oder Krankenbesuch zu versäumen. Und wenn Menschen neu in unseren Gemeindebezirk gezogen waren, wollte ich immer der erste sein, der möglichst noch vor dem Staubsaugervertreter an ihre Tür klopfte – um zumindest äußerlich den ersten Kontakt zur Kirche herzustellen." Bei seinen Besuchen macht er es sich zur Angewohnheit, ein Bibelwort zu sagen, ein Lied zu singen (Deitenbeck hatte eine sehr gute Gesangstimme) und ein Gebet zu sprechen. Und er hat die Gewohnheit, zumeist eine Tafel Schokolade als Geschenk mitzubringen. Denn er will auch „rein menschlich eine Brücke bauen". („Ich hatte in der Kriegsgefangenschaft gelernt, dass der Mensch Zeichen braucht, und wenn sie nur aus einer Scheibe trockenem Brot bestehen.")

Und damit sind wir bei einer weiteren Besonderheit, bei einem weiteren „Markenzeichen" von Paul Deitenbeck: nämlich bei seiner Achtsamkeit und seiner Bereitschaft, anderen Menschen bewusst Wertschätzung entgegenzubringen und sie durch bestimmte Aufmerksamkeiten zu erfreuen. Dies konnte sich ganz unterschiedlich zeigen: etwa in Form eines kleinen Geschenks (wie eben einer Tafel Schokolade), eines Kartengrußes, eines Blümchens – oder indem er einer unbekannten schwangeren Frau die schwere Einkaufstasche trug oder Bauarbeitern einen Zigarillo (zusammen mit einem christlichen Traktat!) in die Hand drückte… „Unser Leben", so seine Meinung, „darf einladenden Charakter haben, weil die Freude des Freigesprochenen in unser Herz gekommen ist. Hier ist jeder aufgerufen, in einer Zeit der Vermassung, der abnehmenden Menschlichkeit und verflachten Freundlichkeit, seinem Nächsten das Leben einladend zu machen. Das fängt beim Gruß an, geht über die schenkende Aufmerksamkeit bis hin zu Opfern an Zeit und Geld für die Menschen im Schatten des Lebens." Und: „Wir haben nicht nur einen Mund, wir haben Hände und Füße und damit unzählige Möglichkeiten, anderen wohlzutun, unser Wort zu unterstreichen, unser Christsein glaubhaft zu machen. Und das geschieht nicht in großen Programmen, sondern in kleinen, alltäglichen Handgriffen und Tätigkeiten."

Paul Deitenbeck war es gegeben, unterstützt von seinem Pfarrbruder Ingfried Woyke, ein sehr lebendiges Gemeindeleben zu entwickeln. Und so musste wegen des zunehmenden Raummangels bereits 1965 neben der „alten" Kreuzkirche von 1952 eine neue, größere Kirche gebaut werden.

Doch nicht nur in und für seine Lüdenscheider Kreuzkirchengemeinde war Deitenbeck tätig, sondern auch in übergemeindlichen Organisationen und Werken wirkte er aktiv mit. Nicht dass er sich hier „vorgedrängt" oder von sich aus beworben hätte – ein entsprechender Ehrgeiz und ein damit verbundener Hang, sich wichtig zu nehmen, lagen ihm fern –, sondern er wurde in der Regel von anderen für diese Dienste empfohlen und in sie gerufen. Dann aber ging er auch durch die Tür, die sich ihm „aufgetan" hatte, und war bereit, sich auch an diesen Stellen mit den ihm von Gott verliehenen Gaben einzubringen. So war er nicht nur von 1957-1987 Vorsitzender der Deutschen Zeltmission, sondern zugleich auch Mitvorsitzender der Deutschen Evangelischen Allianz. Über ein Jahrzehnt ist er auch (als Nachfolger von Wilhelm Busch) Vorsitzender der Essener Tersteegen-Konferenz gewesen. Man weiß nun einmal seine humorvolle und gewinnende, aber auch seine verbindliche und verbindende Art sowie seine „Brückenbauer"-Fähigkeiten zu schätzen.(2) Deitenbeck hat nicht nur einen „guten Draht" zu seiner Westfälischen Kirche, sondern auch zu den Freikirchen und Landeskirchlichen Gemeinschaften.

Dass die Heilsbotschaft von Jesus Christus unter das Volk kommt, ist dem Lüdenscheider Geistlichen stets ein großes Anliegen. Und so gehen dann auch die Großevangelisationen in Deutschland mit dem bekannten amerikanischen Evangelisten Billy Graham nicht zuletzt auf seine Initiative zurück.

Doch auch Deitenbeck selbst erreicht als Verkündiger des Evangeliums viele Menschen in ganz Deutschland. Fünfundzwanzig Jahre lang hält er im Westdeutschen Rundfunk immer wieder wöchentliche Morgenandachten. Sie stoßen auf ein großes, positives Hörerecho. Und auch im Evangeliumsrundfunk (ERF) hält er oftmals Andachten. 1978 wird der traditionelle Pfingstgottesdienst seiner Gemeinde an der Glörtalsperre vom Fernsehen übertragen und zwei Jahre später ein Karfreitags-Gottesdienst aus der Kreuzkirche, den er zusammen mit der Pfarrerin Bärbel Wilde hält. Der damalige Präses der Westfälischen Kirche, Hans Thimme, schrieb ihm damals: „Bei Ihrem Gottesdienst habe ich neu erkannt, dass auch durch das Medium Fernsehen christliche Verkündigung möglich ist."

Zunehmend Not machte Deitenbeck die in der Kirche immer mehr an Einfluss gewinnende sogenannte „moderne Theologie". In seinem Andachtsbuch *Ich lasse mich überraschen* schreibt er in seiner kurzen Auslegung zu dem Bibelwort aus Genesis 3,1 („Sollte Gott gesagt haben, ihr sollt nicht essen von allen Bäumen im Garten?"): „Es sollte uns stutzig machen, dass das erste Wort des Widersachers, das uns die Bibel überliefert, ein Fragezeichen hinter das Wort Gottes setzt. (...) Er verzaubert die ersten Menschen durch Misstrauen gegenüber den Aussagen des Wortes Gottes. (...) Diese Taktik des Widersachers, die Menschen zum Ungehorsam gegen Gott aufzuwiegeln, ist bis heute die gleiche. Sollte Gott gesagt haben? Und so geschieht es, dass heute die Gebote Gottes zu damals zeitbedingten Verhaltensregeln degradiert werden. Und so geschieht es, dass das biblische Tatsachenevangelium in eine bloße Bedeutsamkeit umgefälscht wird. Und so wird aus dem Kreuzestod Jesu als Versöhnungstat für unsere Schuld das beispielhafte Sterben eines Menschen, der an der Gesellschaft seiner Zeit scheitert. So wird aus der leiblichen Auferstehung Jesu die bloße Bedeutsamkeit, dass die Sache Jesu weitergeht."

Vor allem die Forderung des Marburger Theologen Rudolf Bultmann nach einer „Entmythologisierung" der biblischen Berichte rief massiven Widerspruch bei bekenntnistreuen und pietistisch geprägten Christen hervor. Eine der Gruppierungen, die sich infolge dieser Auseinandersetzungen bildete, war der sog. „Bethelkreis". Dieser war eine lose Verbindung von Pfarrern und Laienchristen, die unter der Leitung des an der Theologischen Hochschule Bethel lehrenden Alttestamentlers Hellmuth Frey, des Superintendenten Theodor Brandt und der Pastoren Paul Tegtmeyer und Rudolf Bäumer zu regelmäßigen Treffen zusammenkamen. Auch Deitenbeck stand mit diesem Kreis in Verbindung, der sich nach seinen Worten „mit den wachsenden theologischen Problemen (beschäftigte) und versuchte, vor allem der Verfälschung des Evangeliums durch immer stärker aufkommende modernistische Strömungen in der Theologie entgegenzuwirken".

Auf einem Treffen mit der Leitung des Bethelkreises im Januar 1966 vertrat der Lüdenscheider Pfarrer die Ansicht, dass es mittlerweile an der Zeit sei, „in der breiten Öffentlichkeit für die Glaubwürdigkeit des Evangeliums einzutreten". Und er schlug statt der vom

Bethelkreis anvisierten Kundgebung vor Pfarrern, Presbytern und Diakonen in der Bochumer Ruhrlandhalle eine Massenkundgebung vor, zu der alle interessierten Christen einzuladen seien. Da ihm der Name „Bethelkreis" als Veranstalter der Aktion „zu blass" erschien, schlug er auch gleich eine neue, griffigere Bezeichnung für das Unterfangen vor: „Bekenntnisbewegung kein anderes Evangelium". Als Veranstaltungsort wurde – auf Vorschlag von Deitenbecks Freund Gerhard Bergmann – die knapp 20.000 Besucher fassende Westfalenhalle in Dortmund gewählt. Es versteht sich von selbst, dass das Ganze ein überaus großes Glaubenswagnis darstellte.

Doch das Vorhaben gelingt. Bei der nur wenige Wochen später durchgeführten Veranstaltung, auf der neben anderen auch Deitenbeck spricht, ist die Westfalenhalle überfüllt. Aus dem „Bethelkreis" wird in der Folgezeit die „Bekenntnisbewegung Kein anderes Evangelium". Ihr Mitbegründer ist Paul Deitenbeck.(3) Ebenso ist er Mitbegründer der „Gemeindetage unter dem Wort", die sich ursprünglich als eine Art von Alternativveranstaltungen zum „pluralistisch" ausgerichteten Evangelischen Kirchentag verstanden.

Bei all den Auseinandersetzungen um das rechte Schriftverständnis und um sonstige theologische Fragen war es Deitenbeck zunehmend wichtig geworden, darauf zu achten, in welcher Form (und in welchem Geist) er diese führte. „Wir müssen unseren Kampf", so meinte er in seiner Autobiografie *Eigentlich nichts Besonderes*, „geistlich austragen. Unser Ziel kann nicht darin bestehen, unsere theologischen Gegner abzuschießen, sondern sie zu gewinnen. Das entbindet uns nicht von kompromissloser Klarheit, wenn es um die ganze Wahrheit des Evangeliums geht; aber gerade weil dabei von Menschen letztlich unantastbare Wahrheit Gottes auf dem Spiel steht, brauchen wir uns ihretwegen nicht zu prügeln. Auch das gehört zur Seelsorge, dass wir unsere geistlichen Auseinandersetzungen so führen, dass wir morgen ans Sterbebett unseres andersdenkenden Gesprächspartners gerufen werden können. Wenn man uns beschimpft, gibt uns das kein Recht, zu schimpfen; (...)" Und selbstkritisch merkt er an: „Ich fürchte, manchmal sind wir es gewesen, die sich im Ton vergriffen haben, als wenn wir Gottes Sache auf unsere Weise retten könnten oder müssten. Auch ich bin in diesem Zusammenhang durch einen Wachstumsprozess gegangen, ich habe durch fanatisierende Aussprüche manches falsch gemacht." Auch wies er darauf hin, dass „bei theologischen Auseinandersetzungen, in der Familie, am Arbeitsplatz und in der Gemeinde – bei allen Sachfragen es zugleich um Menschen (geht). Sie mögen uns verletzt haben oder uns unsympathisch sein, irgendwo haben auch sie ihr ‚Bestes‘, und sie haben ein Recht darauf, dass wir sie gerade da ansprechen."

Sehr gut fasst Klaus von Orde Deitenbecks Anliegen und Positionierung so zusammen: „Deitenbeck ist an der Gemeinde und der erwecklichen Arbeit orientiert. Darauf zielt auch sein theologisches Arbeiten. Der theologische Streit ist nur der Ausnahmefall seiner Arbeit." Und: „Er will dazu beitragen, erweckliches geistliches Leben in der Kirche, d. h. seiner Landeskirche, zu fördern – und sich nicht separieren. Seine Bemühungen sind somit durchaus vergleichbar mit dem Pietismus, wie er von Philipp Jakob Spener vertreten wurde."

Und so mag man Paul Deitenbeck ruhig als einen landeskirchlichen Pietisten (oder auch Evangelikalen) bezeichnen. Einen von der fröhlichen Sorte, dem – bei aller Entschiedenheit im Glaubensbekenntnis und -vollzug! –, Kleinlichkeit und „Gesetzlichkeit" fremd waren und der auch anderen ihre Freiräume ließ. Seine Tochter Monika Deitenbeck-Gosenberg, die ihrem Vater auf der Kanzel ihrer Heimatstadt Lüdenscheid als Pastorin folgte, wies in einem Interview einmal darauf hin, dass die Eltern ihr ein Christsein vermittelt hätten, das frei war von Langeweile oder gar Engherzigkeit. („Ich weiß gar nicht, wo ich dann wäre.")(4) Als eine besondere Charaktereigenschaft ihres Vaters hob sie im Übrigen seine Fähigkeit hervor, andere zu trösten.

Paul Deitenbeck starb am 3. Dezember 2000 im Alter von 88 Jahren. Nach seinem Tod erklärte der mit ihm befreundete damalige Fernsehmoderator Peter Hahne gegenüber idea, dass der Verstorbene in kein Klischee gepasst habe: „Er war weltoffen und kirchennah, bibeltreu und nicht kleinkariert". Obgleich er Seelsorger namhafter Politiker und Medienleute gewesen sei, so habe er das doch nie an die große Glocke gehängt. Auch sei der „entschiedene Pietist" ein „entscheidender Ratgeber für Kirchenleitungen und Basischristen gleichermaßen" gewesen.

Anmerkungen

(1) Deitenbeck merkt in dem Zusammenhang an: „Ich habe in meinem Leben seitdem immer wieder die Erfahrung gemacht, dass dann, wenn die Grundpositionen klar sind, das bescheidene christliche Vorbild, ‚der Wandel ohne Worte‘, trotz aller Mängel mehr überzeugt als anspruchsvolles christliches Reden."

(2) In seinem Buch *Von Gott geprägt* schreibt Heinrich Kemner über Deitenbeck: „Ein von Gott geschenktes Original ist für mich auch Paul Deitenbeck. Als ich ihn zum ersten Mal bei einer Allianztagung in Lüdenscheid begrüßte, war die Begegnung so erfrischend, dass eine unausgesprochene freundschaftliche Gemeinschaft geschenkt wurde, die für das ganze Leben Bestand hatte. Es gibt Menschen, denen bleibt man bei allem Reden immer fremd, und andere, bei denen einige Worte genügen, und das bruderschaftliche Band ist für immer da. So erging es mir mit Paul Deitenbeck. Meine Wege haben sich seitdem oft mit den seinen (…) gekreuzt. In der Bekenntnisbewegung stand er mir besonders nahe, weil er gegenüber dem lehrhaften Anliegen besonders auch das erweckliche betonte."

(3) Es hat schon eine gewisse Tragik, dass sich Deitenbeck Jahre später wegen unterschiedlicher Vorstellungen über den weiteren Kurs der „Bekenntnisbewegung" veranlasst sah, sich von ihr zu trennen.

(4) Auch erwähnte die am 7. Februar 2020 verstorbene Deitenbeck-Tochter, dass ihre Eltern Familie ganz groß geschrieben hätten – trotz der viel Zeit und Kraft raubenden gemeindlichen und außergemeindlichen Dienste ihres Vaters. Doch sei sie auf die Kirchengemeinde nie eifersüchtig gewesen: „Solche Gedanken wären mir überhaupt nicht gekommen. Ich habe nie empfunden, dass ich für die Gemeinde zurückgestanden hätte. Ich glaube zwar, dass das der Fall war, aber ich habe das nicht als etwas Belastendes empfunden." Die Gemeinde sei für sie der Ort gewesen, an dem sie sich „angenommen gefühlt" habe und „sie selbst" sein konnte. Sie erinnerte sich an „viel Freiheit, viel Humor, viel Farbe", die sie während ihres Aufwachsens in der Gemeinde ihres Vaters erlebt habe.

Literatur- und Quellennachweis

Deitenbeck, Paul: Das habe ich mit Gott erlebt. Neuhausen 1995

Deitenbeck, Paul / Rumler, Gerd: Eigentlich nichts Besonderes. Paul Deitenbeck erzählt von Begegnungen und Erfahrungen. Wuppertal 1984

Deitenbeck, Paul: Ich lasse mich überraschen... Tägliche Andachten. Neukirchen-Vluyn 1986 (4. Aufl.)

Deitenbeck, Paul: Gottes Türen still sich weiten. In: Kurt Heimbucher/Traugott Thoma (Hrsg.): Diener Jesu Christi. Bekannte Persönlichkeiten berichten aus ihrem Leben. Bad Liebenzell 1984

Kemner, Heinrich: Von Gott geprägt. Neuhausen 1984

Orde, Klaus vom: Paul Deitenbeck – Protagonist der Evangelikalen in Westfalen. In: Der Reidemeister. Geschichtsblätter für Lüdenscheid Stadt und Land. Nr. 191 (13. Juli 2012), S. 1617-1623

Schäfer, Norbert: Was du ererbt von deinen Vätern,... In: pro-Christliches Medienmagazin 1/2015, S. 6ff

Paul Deitenbeck gestorben. Prägende Gestalt des Nachkriegspietismus. In: SELK.Info Nr. 251, Januar 2001, S. 7f

Heinrich Kemner – „Kirchengeschichtliches Urgestein" und Gründungspionier

Der rustikal gebaute und stets „Klartext" predigende Pastor und Evangelist Heinrich Kemner war in Deutschland eine der außergewöhnlichsten kirchlichen und pietistischen Persönlichkeiten des letzten Jahrhunderts. Nach Aussage seines Amtsbruders Paul Deitenbeck galt er unter seinen Freunden als „Fels in der Brandung zeit- und kirchengeschichtlicher Strömungen". Und Peter Hahne bezeichnete ihn gar als „den Franz Josef Strauß des Nordens" und als ein „kirchengeschichtliches Urgestein". Er sei oft ein „einsamer Rufer in der Wüste" gewesen, der den jungen Menschen half, „nicht an der Bibel zu zweifeln, wenn der Zeitgeist seine Wanderdünen über die Wahrheit goss". Obwohl Kemner mit seinen Meinungen bei nicht wenigen etablierten Theologen und Kirchenmännern aneckte und ihnen unbequem war, so stand er doch in einem vertrauensvollen, fast schon freundschaftlich zu nennenden Verhältnis zu den Bischöfen seiner Lutherischen Landeskirche Hannover: zu Hanns Lilje, Eduard Lohse und Horst Hirschler. Und auch mit dem bekannten katholischen Theologen Romano Guardino verstand er sich gut, wie auch mit dem niedersächsischen Ministerpräsidenten Ernst Albrecht oder anderen hochgestellten Persönlichkeiten..

Dennoch hatte der Landwirtssohn Kemner, der innerlich immer im Bauerntum verwurzelt blieb, stets auch einen guten Draht zu den sogenannten „einfachen" Leuten und verstand es wie kaum ein Zweiter, in seinen Predigten und Evangelisationen Gebildete wie weniger Gebildete, junge wie alte Menschen, gut saturierte Bürger wie gefährdete und „verkrachte Existenzen" zu erreichen und in persönlichen Gesprächen und der Seelsorge ihr Vertrauen zu gewinnen.

Die Außergewöhnlichkeit von Kemners Persönlichkeit zeigt sich aber wohl nicht zuletzt auch darin, dass er im Rentenalter(!) eines der größten evangelikalen Glaubenswerke in Deutschland, das am Südrand der Lüneburger Heide gelegene „Geistliche Rüstzentrum Krelingen", aufbaute. Eine Einrichtung, die unter anderem über ein viel besuchtes Freizeit- und Tagungszentrum verfügt und die nicht nur mit erstaunlichem Erfolg Rehabilitationsarbeit an drogenabhängigen oder seelisch kranken Jugendlichen leistet, sondern auch in einem eigenen Studienzentrum angehenden Theologiestudenten ein theologisches Vor- und Grundstudienjahr anbietet.

Geboren worden ist Heinrich Kemner am 19.6.1903 in dem kleinen ostwestfälischen Ort Dünne, der heute zur Stadt Bünde gehört. Hier bewirtschafteten seine Eltern einen Bauernhof. Sie waren beide tiefgläubige Menschen, die ihre Frömmigkeit überzeugend lebten. Friedrich von Bodelschwingh, der bekannte Leiter der später nach ihm benannten Anstalten in Bethel, weilte verschiedentlich in Dünne, da sein Sohn Gustav eine Zeit lang als Hilfsprediger in der dortigen Kirchengemeinde tätig war. Heinrich Kemner war damals noch ein kleiner Junge. Dennoch hat sich tief in seinem Gedächtnis einge-brannt, wie die Besuche des alten Bodelschwingh auf ihn wirkten. „Wenn Bodelschwingh ins Dorf kam", so erinnert er sich, „wirkte das wie ein Alarmsignal. Wir Kinder riefen uns zu: ‚Der liebe Gott' ist da.' Das hatte in unserer kindlichen Vorstellungswelt seine Richtigkeit. Ich kenne keinen Menschen, bei dem ich mir die Menschlichkeit Gottes so bildhaft deuten und vorstellen könnte, wie bei dem Gedanken an Vater Bodelschwingh. Er wirkte auf uns Kinder wie ein Magnet. Die Liebe, die er ausstrahlte, hatte eine verborgene Zugkraft, (…) Was war eigentlich das Geheimnis, das diesen Mann prägte? Waren es die Bildchen, die er uns Kindern gab? Waren es die liebestrahlenden Augen? Oder war es die geschenkte Begegnung im Wort?"

In der Volksschule ist Heinrich ein sehr guter Schüler. Da im Verlauf des Ersten Weltkrieges (1914-1918) sein Vater eingezogen wird, trägt er als Ältester gemeinsam mit seiner Mutter schon früh die Verantwortung für die Bewirtschaftung des Hofes. Die Schule wird dabei zwangsläufig zur Nebensache. Nach dem Krieg besucht er für ein halbes Jahr eine Landwirtschaftsschule und arbeitet dann bis zu seinem 20. Lebensjahr auf dem elterlichen Bauernhof.

Als Heranwachsender beschäftigt sich der Bauernsohn unter anderem mit Schopenhauer und Nietzsche. Dabei geht ihm nach seinen eigenen Worten „die Einfalt des Kinderglaubens vollends verloren". Dafür nimmt die Unruhe in seinem Herzen zu. Wenn er ehrlich ist, dann muss er sich eingestehen, dass sein eigener Zustand „gelebte Verzweiflung" ist. Doch zu den „Frommen" will er keinesfalls gehören.

Da bekehrt sich eines Tages ein Freund von ihm und bezeugt ihm offen und engagiert seinen neuen, lebendigen Glauben. Obgleich Heinrich Kemner inzwischen durch die Lektüre von Kierkegaards *Krankheit zum Tode*, auf die er in der Bibliothek des örtlichen CVJM gestoßen war, sehr ins Nachdenken gekommen ist, will er nicht klein beigeben. Aber der „Blick in den Abgrund", den er zunehmend in sich wahrnimmt, führt ihn in immer größere Bedrängnis. Eines Tages nun predigt im Rahmen einer Glaubens-Konferenz in der Bünder Stadtkirche der bekannte Evangelist Ernst Modersohn. Die Verkündigung spricht den Jugendlichen durchaus an. Aber noch etwas anderes beeindruckt ihn: „Als ich ohne Gesangbuch", schreibt Kemner, „in der letzten Reihe der Bünder Kirche saß, setzte sich ein Herr mit langem Vollbart zu mir und schob mir langsam das Gesangbuch zu. Nicht im Geringsten dachte ich daran mitzusingen. Da legte er mir väterlich die Hand auf die Schulter und raunte mir ins Ohr: ‚Brüderchen, ich verstehe dich, ich war auch mal so!' Damit war der Widerstand gebrochen." Dieser Mann war übrigens Alfred Christlieb gewesen, ein damals in den Gemeinschaftskreisen hochgeschätzter Pfarrer aus dem kleinen oberbergischen Ort Heidberg.

Wenig später evangelisiert in Kemners Heimatort Dünne Ludwig Henrichs. Und wiederum fühlt sich der Jugendliche angesprochen. Sein letzter Vorbehalt, sich ganz Christus auszuliefern, bricht schließlich ganz, als kurz darauf jener oben genannte Freund einen Blutsturz erleidet und ihn auf seinem Sterbebett auf die Frage nach der Wirklichkeit seines Glaubens nur tief anschaut, die Hände zusammenlegt und kaum hörbar die Liedstrophe stammelt: „Ich danke dir, du wahre Sonne, dass mir dein Glanz hat Licht gebracht."

„An jenem Abend", so bekennt es Kemner in seiner Autobiografie *Da kann ich nur staunen*, „bin ich in den dunklen Keller gegangen, habe mich auf die Rüben geworfen und zum ersten Mal die paar Worte herausgeschrien, auf die Gott wartet: ‚Jesus, erbarme dich! Herr Jesus, wenn du da bist, dann hilf mir! Zerbrich mir alles, aber lass mein Leben nicht in einer Lüge enden!'" Und er fährt mit der Feststellung fort: „Gott hat dieses Gebet gehört und erhört."

Die konsequente Hinwendung zu Christus und die Erkenntnis, dass Jesus seine Lebensangst und -frage durchlitten und ihn mit seinem Leiden am Kreuz erlöst hat, löst in der Folgezeit bei Heinrich

Kemner eine große innere Freude aus. Und damit steht er nicht allein. Denn auffallend viele junge Menschen erleben ebenfalls in dieser Zeit in Bünde und Umgebung ihre Bekehrung, so dass man geradezu von einem erwecklichen Aufbruch sprechen kann. In Dünne selbst ist es der Ortspfarrer Karl Gottschalk, der sich in besonderer Weise der jungen, erweckten Menschen annimmt. An jedem Sonntagmorgen versammeln sie sich bei ihm eine Stunde vor dem Gottesdienst zum gemeinsamen Gebet und einem Austausch über ein bestimmtes Bibelwort. Das Bemerkenswerte an diesen Zusammenkünften ist aber nach Kemner nicht nur, dass „der Heilige Geist diese Stunden äußerst interessant (machte)", sondern dass praktisch jeder, der neu zu der Gruppe stößt, „von seinen Sünden überführt wurde", sie bekannte und dann im gemeinsamen Gebet die froh machende Gewissheit seines Heils erfuhr.

Schon früh hatte Heinrich Kemner gelobt, einmal Pfarrer zu werden. Und das kam so: Seine Mutter war von einer schweren Krebserkrankung befallen worden, bei der sich bereits Metastasen gebildet hatten und sie schließlich nur noch gut vierzig Kilogramm wog. Ohne ihr Wissen flehte er damals zu Gott, dass der ihm alles nehmen möge, nur nicht seine Mutter. Dabei legte er für den Fall ihrer Heilung jenes oben erwähnte Versprechen ab. Und das Wunder der Genesung seiner Mutter geschah: Innerhalb von drei Tagen fing sie wieder an zu essen und zu trinken. Der behandelnde Arzt konnte nach der Röntgenuntersuchung nur „kreideweiß" feststellen: „Auf dem Röntgenbild ist nichts mehr. Ich habe keine Erklärung." Ganze 34 weitere Lebensjahre sollten der Mutter noch gewährt werden. Erst an ihrem Sterbebett offenbarte ihr der Sohn, dass er damals für ihre Heilung, für die sie keine zureichende Erklärung gefunden hatte, gebetet habe.

Doch Pfarrer zu werden, war alles andere als ein Herzenswunsch für Kemner. Ihn zog es mit Macht in einen landwirtschaftlichen Beruf. Nach dem erfolgreichen Besuch der Landwirtschaftsschule und dem Verfassen einiger Fachartikel war ihm nahegelegt worden, sich auf der höheren Lehranstalt für Landwirte in Soest weiterzubilden. Und diese Ausbildung schließt er nicht nur zu Ende, sondern er wird auch ab Januar 1926 Oberinspektor des ansehnlichen Rittergutes Turow bei Grimmen in Vorpommern. Dem „lieben Gott" rechnet er vor, dass er gar keine Veranlagung für den kirchlichen Dienst habe und „es doch gleichgültig sei, an welcher Stelle und in welcher Funktion" er Christus diene. In Wirklichkeit aber stellt seine ganze Argumentation nur einen „rational großartigen Fluchtweg" dar. Das spürt er sehr wohl.

In seiner Funktion als Gutsinspektor bewährt sich Kemner nicht nur praktisch, sondern auch als gläubiger Christ. Seine Gutsherrin Frau von Ferber ist pietistisch geprägt. Doch die auf dem Gut Beschäftigten haben mit der Kirche nicht viel zu tun. Kemner stößt auf verborgene sexuelle Sünden, die ihn geradezu entsetzen. Er bemüht sich, alte und kranke Menschen „mit Hilfeleistung und Bibelwort" zu erreichen und hält Kinder- und Bibelstunden ab.

Doch auch Versuchungen muss er durchstehen. Eine Arzttochter, die auf dem Gutsschloss als Haustochter tätig ist, hat ihr Zimmer genau gegenüber seinem eigenen. Eines Abends nun, als er ihr eine Gute Nacht gewünscht hat, lässt sie bewusst ihre Zimmertür angelehnt. Doch er widersteht ihrer offenkundigen Avance. „Nach einer etwas unruhigen Nacht", so schreibt er, „bekam ich am anderen Morgen einen Brief von meiner Mutter. Sie schrieb: ‚Mein lieber Sohn, ich habe das Gefühl, dass Du in einer Versuchung bist. Ich möchte Dich bitten, daran zu denken, dass Du eine Mutter hast, die für Dich betet. ‚Wie wird ein Jüngling seinen Weg unsträflich gehen? Wenn er sich hält nach deinen Worten.'"

Im Laufe seines ersten (und letzten) Amtsjahres lernt Kemner einen jungen Gerichtsassessor kennen, der beim Landgericht in Greifswald angestellt ist und der wegen seines unerschrockenen Bekenntnisses zu Jesus Christus manchen Spott erdulden muss. Schnell kommt es zwischen den beiden Männern zur Freundschaft. Der Jurist steht dem Inspektor in vielen geistlichen Dingen zur Seite und trägt mit dazu bei, dass es auf dem Rittergut zu einer geistlichen Erweckung kommt. Eindringlich rät er seinem Freund, sein Versprechen, das er einst Gott gegeben, auch umzusetzen und so das Risiko des Gehorsamsweges einzugehen. Als dann auch noch Kemner, der ein guter Reiter ist, von einem Trakehner aus dem Sattel geworfen und – mit einem Fuß im Steigbügel hängen bleibend – von dem Vollblut etwa hundert Meter weitergeschleift wird (ohne dass er sich dabei ernsthaft verletzt), da erkennt er in diesem Vorfall eine Mahnung Gottes und ist endgültig bereit, sein Gelübde mit allen seinen Konsequenzen zu erfüllen. Doch leicht fällt es ihm nicht, nach nur einem Dreivierteljahr seinen geliebten landwirtschaftlichen Inspektionsdienst zu quittieren.

Da er aber kein Abitur und somit auch keine Hochschulreife besitzt, besucht Kemner zunächst eine Höhere Privatschule in Hannover, um hier seine fehlenden schulischen Kenntnisse nachzuholen. Nach drei Jahren wechselt er jedoch wegen Überarbeitung den Schulort und macht auf dem Bundesgymnasium im niederösterreichischen Krems nach dem Besuch der dortigen Abschlussklasse im Oktober 1930 sein Abitur.

Ein Semester lang studiert er nun in Wien Theologie. Dann wechselt er an die Universität in Münster und zum Schluss an die Bonner Universität. Hier schließt er im Frühjahr 1934 sein Studium mit dem Ersten Theologischen Examen ab. In Bonn hatte Kemner auch ein Seminar bei Karl Barth belegt und manches Streitgespräch mit dem bekannten Theologieprofessor geführt. Dabei hatte der einmal leicht verärgert ihm gegenüber geäußert: „Sie sind ein guter Theologe, aber Sie haben einen Schuss Minden-Ravensberger Pietismus zu viel."[1]

Inzwischen sind in Deutschland die Nazis an die Macht gekommen. Den hitlerhörigen „Deutschen Christen" ist es gelungen, evangelische Kirchengemeinden personell und ideologisch zu unterwandern und in manchen Landeskirchen gar entscheidende Leitungspositionen bis hin zu Bischofsstühlen zu übernehmen. Als Gegenbewegung entsteht schon bald die Bekennende Kirche. In ihr sollte auch Kemner künftig seinen Standort sehen.

Nachdem er nach Abschluss seines Studiums in das Predigerseminar in Soest einberufen worden war. wurde er schon bald gemeinsam mit achtzehn weiteren Vikaren wegen oppositioneller Haltung gegen dessen deutschnationale Ausrichtung entlassen. Daraufhin nahm der Präses der Westfälischen Bekenntnissynode, Karl Koch, die entlassenen Vikare in die Bekennende Kirche auf und wies Heinrich Kemner im Sommer 1934 dem Wittener Pfarrer Dr. Werdermann als Vikar zu. Nach Belegung weiterer Vikarstellen legt Kemner dann im März 1936 vor einem Gremium der Bekennenden Kirche in Bethel das Zweite Theologische Examen ab. Danach übernimmt er für kurze Zeit die Stelle eines Hilfsgeistlichen in Dielingen (bei Osnabrück) und später in Dortmund-Schüren, wo er auch im Juli 1937 ordiniert wird.

Doch wie soll es nun weitergehen? Denn als Angehöriger der Bekennenden Kirche hat Kemner keine Aussicht, innerhalb der von den Deutschen Christen dominierten Westfälischen Kirche eine Anstellung zu finden. Daher bewirbt er sich auf Kochs Anraten hin um eine Stelle in der noch halbwegs „intakten" Hannoverschen Landeskirche. Die nimmt ihn auch nach einem Kolloquium in ihre Reihen auf und betraut ihn zunächst mit der Versehung einer vakanten Pfarrstelle in Gifhorn. Am 1. Februar 1939 wird er dann als Hilfsgeistlicher nach Ahlden, das ebenfalls in der Lüneburger Heide liegt, entsandt, wo er schließlich nur vier Monate später auch die Pfarrstelle übernehmen kann, da sein Vorgänger als Superintendent nach Gifhorn wechselt. Bereits am 12. Februar desselben Jahres hatte er Margarete („Gretel") Siemer, die ebenfalls einem Bauerngeschlecht entstammte, geheiratet.

Kemner hat von seiner Gemeinde den Eindruck, dass die durch den Dienst des Hermannsburger Pfarrers Claus Harms (1808-1865) in weite Teile des Lüneburger Landes hineingetragene Erweckung an der Grenze von Ahlden aufgehört hat. Nur in einer der zu seinem weiträumigen Gemeindegebiet gehörenden kleinen Ortschaften, dem Außendorf Birde, waren noch Spuren von ihr erkennbar. Ansonsten herrschten überwiegend nur noch kirchliche Tradition und Sitte vor. Doch der neue Pfarrer will nicht nur eine kirchliche Amtsperson sein, sondern seine Gemeindeglieder auch seelsorgerlich erreichen und ihnen zu einer Begegnung mit Christus verhelfen. Und so beschließt er, in den verschiedenen Dörfern „geistliche Schwerpunkte" ins Leben zu rufen. Er fördert die Einrichtung von Frauenkreisen und hält in Schulräumen oder auf Bauernhöfen Bibelstunden ab. Dabei führt er auch ein neues Liedgut ein, indem er aus dem Gesangbuch der Gemeinschaftsbewegung, dem „Reichsliederbuch", singen lässt. Er betreut einen Männerkreis und betreibt Jugendarbeit. Im Konfirmandenunterricht ist er nach seinem eigenen Bekunden bemüht, „den Lehrstoff so lebendig zu übersetzen, dass er erlebnisträchtig und -mächtig" wird. Bei alledem lässt er sich von dem großen Ziel leiten, „die tote Kirchlichkeit in erweckliche Bewegung" zu bringen. Und so ist er auch über

Gebetskreise, die in Häusern oder bei ihm im Pfarrhaus stattfinden, sehr dankbar..

Da Kemner den Menschen nicht nach dem Mund predigen wollte, fehlte es in seinen Predigten auch nicht an Passagen, die man als politisch verdächtig ansehen konnte. Spitzel meldeten so etwas natürlich weiter. Und so musste er sich auch vor der Gestapo verantworten. Als er es sich auch noch mit einem NS-Kreisleiter verscherzte und im benachbarten Dorf Düshorn bei der Beerdigung der Frau eines Gendarmeriewachtmeisters auch die anwesende SS-Gendarmerie ermahnte, die Entscheidung für Jesus Christus nicht zu umgehen, wird er später auf dem Heimweg überfallen, mit Schlägen traktiert und in den angrenzenden Wald geführt. Nachdem man ihn gezwungen hat niederzuknien, legt ihn einer der SS-Männer eine entsicherte Pistole an die Schläfe, Im letzten Moment gelingt es Kemner, diese zur Seite zu schlagen, wobei die abgeschossene Kugel an seinem Kopf vorbeifliegt. In einem erbitterten Kampf schafft es der sehr kräftig gebaute Pastor, den Schützen zu bezwingen. Dabei wird ihm allerdings mit dem Revolverschaft die Schädeldecke eingeschlagen. Nachdem sich die Angreifer verdrückt haben, kann er sich noch blutüberströmt in ein Haus schleppen, wo er besinnungslos zusammenbricht.

Wochenlang liegt Kemner schwer darnieder. Nachdem er endlich wieder genesen ist, wird seine Unabkömmlichkeit für den Wehrdienst aufgehoben. Nach einer Kurzausbildung schickt man ihn zunächst in eine Sanitätskompanie nach Holland und wenig später nach Belgien. Hier ist er den unmenschlichen Schikanen eines Hauptfeldwebels ausgesetzt. Als ein hochrangiger Vorgesetzter, der ein gläubiger Christ ist, von seiner notvollen Situation erfährt, veranlasst er, dass Kemner seinen Dienst künftig auf dem Hauptverbandsplatz ausführen darf – „planmäßig als Instrumenteur, außerplanmäßig als Seelsorger".

Es ist die Zeit, in der die Amerikaner ihre Invasion beginnen. Viele deutsche Frontsoldaten werden dabei durch Minen getötet oder schwer verletzt. Kemner kann viele Sterbende mit der Heilsbotschaft von Christus erreichen und ihnen die Beichte abnehmen. Es ist, wie er später meint, der „vielleicht segensvollste Dienst meines Lebens" gewesen: „Wie vielen sterbenden Kameraden konnte ich in der letzten Minute, ohne lange Predigten, das Heute der Gnade bezeugen! Wie viele luden ihre Sünden ab, beichteten wie der Schächer und starben unter einem offenen Himmel."

Nachdem die Division zum größten Teil aufgerieben ist, wird der Rest im Elsass und dann in Südbaden neu aufgestellt. Heinrich Kemner hält in seiner Freizeit in umliegenden Kirchengemeinden evangelistische Gottesdienste ab. Dabei kommt es zu erwecklichen Aufbrüchen. In den letzten Kriegswochen erfolgt dann noch die Verlegung an die Ostfront, und zwar in den Raum Trenchin (Tschechoslowakei). Unmittelbar nach Kriegsende flüchtet Kemner schließlich – von einer deutschstämmigen Bauernfamilie mit Zivilkleidern versehen – vor der heranrückenden Roten Armee und gelangt auf einem langen, gefahrvollen Fußmarsch wieder zurück in seine Heimat.

Schon bald nach seiner Rückkehr in seinen Pfarrdienst in Ahlden nimmt Kemner Kontakt zu dem ihm bekannten Theologen Friedrich Gogarten auf, um bei diesem die Promotion nachzuholen. Als Gogarten auf sein Ansinnen eingeht, gerät Kemner in einen unvorhergesehenen Konflikt, bei dem Gott ihm schließlich seine verborgene Eitelkeit offenbart, die ihn um ein Haar in die Selbsttäuschung geführt und damit seinem Leben eine falsche Ausrichtung gegeben hätte.

Kemner erwartete von seiner Doktorarbeit, in der es um eine vergleichende Untersuchung der „Rechtfertigung und Heiligung bei Luther und Bezzel" ging, „viel Gewinn für die theologische Praxis zu erhalten". Doch in nächtelangen Gesprächen mit seinem Doktorvater geht ihm immer mehr auf, dass – genauso wie bei Bultmann – in der Dialektik von Gogarten „das Ärgernis des Kreuzes in seiner rettenden Struktur so entschärft (wurde), dass es keinen Anstoß mehr zu einer Bewegung gab, die in Buße und Bekehrung Veränderung schafft. Die sogenannte Denknot ging auf Kosten der Existenznot." Als Gogarten Kemner einerseits vertraulich andeutet, er könne sich durchaus vorstellen, dass der einmal seinen theologischen Lehrstuhl einnehmen werde, ihm aber andererseits zu verstehen gibt, dass er für eine Universität aber nur dann tragbar sei, wenn er seinen Glauben an eine Wirklichkeit des Heiligen Geistes ablege, ist der Bruch so gut wie vorprogrammiert. Als dann auch noch der Professor anlässlich einer von Kemner vorzunehmenden Beerdigung behauptet, dass für ihn die Formulierung, dass der Verstorbene „in Gott ruht", lediglich bedeute, dass er „in der *Idee* Gottes ruht", sieht sich Kemner genötigt zu erklären: „Ich verzichte auf die Promotion. Welten liegen zwischen uns. Schon im theologischen Ansatz sind wir verschieden. (…) Wenn das alles ist, dass ich in der Idee Gottes ruhe, dann sehe ich nicht, worin der wesentliche Unterschied zwischen Atheismus und Christentum besteht." Mit seinem Promotionsverzicht wurde Kemner wieder offen für die Wegführung, die Gott in Wirklichkeit mit ihm vorhatte.

Kemners Jugendarbeit, die schon vor seiner Einberufung in den Kriegsdienst einige positive Ansätze gezeigt hatte, sollte sich nach dem Krieg in seiner Gemeinde in all ihren positiven Auswirkungen voll entfalten. „Geistliche Bewegungen", so stellt er in seiner Autobiografie fest, „haben eine geheimnisvolle Tiefe. Es ist der größte Irrtum, wenn man glaubt, man könne sie organisieren. So war es auch mit der Jugendarbeit in Ahlden. Die Jugend sammelte sich aus eigenem Antrieb immer wieder auf der großen Diele des Pfarrhauses zu Gebetsstunden. Gemeinsam wurde überlegt, wie wir in den Außendörfern Jugendnachmittage durchführen könnten. (…) Wurden die Jugendnachmittage irgendwo im Freien gehalten, kamen auch die Erwachsenen dazu. Die Zeugnisse der Jugendlichen fanden ein weites Echo. Da war es am Ende kein Wunder, dass wir schon im Jahr 1946 den ersten Ahldener Jugendtag durchführten. Mit wenigen hundert Leuten begannen wir; von Jahr zu Jahr wuchs er zu Tausenden von Besuchern." Wenn die Jugendlichen voll freudiger Erwartung von nah und fern sich auf ihren Fahrrädern zu den Jugendtagen nach Ahlden aufmachten oder von weither die Busse ankamen, waren am Austragungsort die Straßen festlich bekränzt. Die Frauenkreise halfen bei der Besorgung der Quartiere und beim Essenkochen. Viele bekannte Redner – wie etwa Niemöller, Hanns Lilje, Johannes Busch, Paul Deitenbeck oder Corrie ten Boom – traten bei den Jugendtagen auf. Ihre Verkündigung war bewusst zeitnah und zeugnismäßig ausgerichtet. Viele junge Menschen erhielten aber nicht nur durch die Predigten und Vorträge entscheidende Anstöße für ein verbindliches Leben mit dem auferstandenen Herrn, sondern auch durch die Unmittelbarkeit der Gebete in den Gebetsversammlungen vor oder während der Jugendtage.

Unter starkem Einsatz der Jugend lässt Kemner eine leerstehende Pächterscheune zu einem Jugendheim umbauen. „Nachdem die Scheune als mustergültiges Jugendheim hergerichtet war", so Kemner, „suchte die erweckte Jugend Vertiefung und missionarische Ausrichtung in den laufenden Frei- und Rüstzeiten. Oft war die Nachfrage größer als die vorhandenen Unterbringungsmöglichkeiten. So stellten wir im Pfarrhaus Betten auf und ließen die Jugend auf Strohlagern auf dem Dachboden übernachten. Was war das für eine herrliche Zeit! (...) Bis in die Morgenstunden wurden manchmal Lieder gesungen. Ganze Nächte musste ich Beichten hören – und niemals ist der Mensch so schön, wenn er seinem Gott begegnet. Wenn der Mensch sich unter das Kreuz begibt, erfährt er in Wahrheit eine Begegnung, die frei macht. Immer wenn das Geheimnis von Sünde und Schuld gebeichtet war, setzte der Osterjubel ein."

Im Jahr 1952 bildete sich die „Ahldener Bruderschaft". Sie hat das Ziel, erwecklich ausgerichtete Pastoren und Laien eine Gemeinschaft anzubieten, in der sie durch persönlichen Austausch und Seelsorge in ihrem Dienst gestärkt und unterstützt werden.

Immer wieder wurde Heinrich Kemner auch zu evangelistischen Veranstaltungen im In- und Ausland eingeladen. Eine Evangelisation, die er in der kleinen Ortschaft Adelshofen (Landreis Heilbronn) 1955 durchführte, sollte sich als besonders folgenreich erweisen. Bei seinem damaligen Dienst war im Ort eine Erweckung ausgebrochen, von der viele Menschen und Familien erfasst wurden. Dem Gemeindepfarrer Otto Riecker gelang es, das missionarische Feuer am Leben zu erhalten. Dabei kam es 1958 zur Gründung einer eigenen Bibelschule (heute: Theologisches Seminar Adelshofen) und 1962 zur Bildung einer evangelischen Glaubens- und Lebensgemeinschaft, der Kommunität Adelshofen.

Bereits 1959 hatten sich die Kemners in dem in idyllischer Heidelandschaft liegenden Dorf Krelingen aus den Mitteln einer privaten Erbschaft ein Haus gebaut. Hier konnte Heinrich Kemner mit mehr Muße als es in Ahlden möglich war, sich dem Schreiben seiner vor allem evangelistisch und seelsorgerlich ausgerichteten Bücher widmen. Bis zu seiner Pensionierung im Oktober 1969 erfolgte nun ein

Pendelverkehr zwischen seinem neuen Wohnort und seinem nur wenige Kilometer entfernten kirchlichen Dienstort Ahlden. Als Kemner das Haus als seinen Rückzugsort und Alterssitz errichtet hatte, konnte er nicht ahnen, dass es einmal zum Ausgangspunkt für das große und inzwischen weithin bekannte diakonische und geistliche Glaubenswerk „Geistliches Rüstzentrum Krelingen" werden sollte. Und Gott ihm hier, wie er es später immer dankbar empfand, „die Erfüllung seines Lebens" schenken würde.

Nach einem schweren Verkehrsunfall, den Heinrich Kemner nicht lange vor seiner Pensionierung mit seiner Frau nur knapp überlebte, war ihm – „wie nach einer prophetischen Vision" – jeden Tag gewisser geworden, dass Gott für ihn in Krelingen „noch einen Auftrag hatte". Zwar hatte er schon zuvor in der Nähe seines neuen Wohnhauses ein altes Haus erstanden und zu einer Freizeitstätte umbauen und herrichten lassen und der großen Nachfrage wegen weitere Gästehäuser geplant – doch das ganze Glaubensprojekt sollte dann nach seiner Pensionierung in einer Weise Fahrt aufnehmen und ein Projekt nach dem anderen entstehen lassen, dass es Kemner und vielen anderen wie ein großes Wunder Gottes erschien.(2)

Da Kemner durch seine Evangelisationen auf die Not von drogensüchtigen Jugendlichen gestoßen war, gründete er mit Hilfe von Spendern eine Landwirtschaft mit Rehabilitationszentrum, Tierhaltung, Gärtnerei und Werkstätten. Es folgten weitere Freizeithäuser, Mitarbeiterwohnungen sowie eine Rehabilitation für Alkoholiker und psychisch Kranke. Auch eine eigene Kirche, eine große Versammlungshalle und eine Altenwohnanlage konnten im Laufe der Zeit errichtet werden. Den immer größer werdenden Freundes- und Spendenkreis erreichte Kemner mit der von ihm herausgegebenen Zeitschrift „Erweckliche Stimme".

Wichtig war ihm aber auch, dass man in Krelingen eine Alternative bzw. Ergänzung zum universitären Theologiestudium anbieten konnte. So wurde eine Studienarbeit ins Leben gerufen, die in Form einer theologischen Einführung auf das Universitätsstudium vorbereitet und die Kenntnis der biblischen Grundsprachen Hebräisch und Griechisch vermittelt. In einem Interview bezeichnete Kemner einmal diese Arbeit als einen „Modellversuch" und meinte weiter: „Es zahlt sich für die Kirche aus, dass die hier studierenden angehenden

Theologen praktische Erfahrungen sammeln. Einen Tag in der Woche sind sie beispielsweise mit den jungen Leuten aus unserer Drogentherapie zusammen (...); sie lernen seelisch kranke Menschen und ihre Nöte kennen. Sie halten Bibelstunden und lernen Seelsorger zu sein, soweit das überhaupt erlernbar ist. (...) Wir versuchen hier eine Verbindung zwischen Luthertum und Pietismus aufzuziehen. Es soll eine Bewegung sein, die nach vorne gerichtet ist."

In seiner Menschdeutung und theologischen Ausrichtung war Kemner stark von Luther und dem bayrischen Bischof Hermann Bezzel (und ihrem sich ergänzenden Rechtfertigungs- und Heiligungsverständnis)(3), aber auch von dem dänischen Theologen und Denker Sören Kierkegaard beeinflusst. Er hielt es für erforderlich, dass der Mensch aus seiner gelebten Lüge und „Doppelexistenz" herausfindet und zur Eindeutigkeit der Nachfolge Jesu gelangt. Um die befreiende und frohmachende Gnade Gottes aber zu erleben, muss es zuvor zur Demaskierung der verdrängten Schuld und verborgenen Sünden kommen. Auf diesem Wege kann dann aber auch ein Paradigmenwechsel eintreten, bei dem der Mensch sein Geheimnis mit der Sünde aufgibt und stattdessen in einem Geheimnis mit Jesus lebt. Aus diesem Grund war für Kemner auch die Beichte in der Seelsorge so wichtig.

Kemner wollte als Seelsorger dem ratsuchenden Menschen zu einer wirklichen Begegnung mit Christus verhelfen.(4) Da er sich sicher war, dass „das Personsein des Menschen eine unergründliche Tiefe (hat)", vertrat er auch die Ansicht, dass bei der Begegnung von Mensch zu Mensch sich „Abgrund dem Abgrund begegnet". Daher war er auch davon überzeugt, dass „besonders in schweren Schuldverstrickungen nur vollmächtige Seelsorge in der Begegnung mit dem helfen kann, der unsere Schuld und Sünde im Kreuz wurde. Befreiung", so seine Überzeugung, „geschieht (...) nur durch eine Begegnung mit der Wirklichkeit in Jesus Christus. Begegnung wird Neuschöpfung, wenn nach seinem Wort die Wahrheit in Ihm uns frei macht." In den Evangelien werde deutlich, dass bei Jesus die Seelsorge immer „richtend und rettend zugleich" war und die Begegnung mit ihm zu einer sinnerfüllenden Jüngerschaft befreite. Dass diese Erfahrung auch heute noch heilssuchenden Menschen möglich ist, das erlebte Kemner immer wieder in der Seelsorge – auch bei drogenabhängigen jungen Menschen und okkult belasteten Personen.(5)

Der spätere Theologieprofessor Peter Zimmerling berichtete einmal davon, wie er nach einer Sonntagspredigt von Kemner diesen unbedingt zur seelsorgerlichen Aussprache aufsuchen musste. „Dabei erlebte ich Heinrich Kemner", so schreibt er, „auf eine ganz neue Weise: Er behandelte mich geradezu zart und rücksichtsvoll. Außerdem ließ er mich mit meiner Schuld nicht allein, sondern erzählte von eigenen Sünden. Erst später ging mir auf, dass er damit einer biblischen Anweisung nachkam: ‚Bekennt also *einander* eure Sünden und betet füreinander, dass ihr gesund werdet' (Jakobus 5,16). Jedenfalls stellte er sich dadurch mit mir auf die gleiche Stufe. Beichtender und Beichthörer stehen vor Gott auf der gleichen Stufe. Es sollte zu keinem Herrschaftsgefälle zwischen ihnen kommen."

Der modernen Theologie, der er „einen Mangel an geschichtlicher Objektivität" vorwarf, stand Kemner kritisch gegenüber. In einem Interview zu seinem 85. Geburtstag äußerte er in ideaSpektrum: „Wir sind zu sehr von der historisch-kritischen Theologie beeinflusst. Alles wollen wir mit dem Intellekt hinterfragen. Dabei kann ich mit dem Intellekt alles erklären, alles beweisen, alles entschuldigen. Nichts ist verlogener als der Intellekt, wenn ich ihn falsch gebrauche. Dieses Denken hat bei vielen Theologen dazu geführt, dass sie die Einfalt des Glaubens verloren haben. Selbst wenn sie noch rechtgläubig predigen, so stimmt es oft in ihrer Existenzmitte nicht mehr. Sie müssen sich verstellen. (…) Glauben kann man nicht lernen. Er ist nach Luther nur erfahrbar durch den Heiligen Geist. Das ist für mich das Wunder, das ich immer wieder erleben kann: Der Heilige Geist zeigt Menschen, dass sie Sünder sind. Sie fragen nach Jesus, und ihr Leben wird mit Hoffnung erfüllt."

Noch deutlicher drückt sich Kemner in dem Exkurs: „Theologie des Kreuzes und der Ehren" in seiner Selbstbiografie aus, indem er unter anderem ausführt: „Eine Theologie der Ehren ist eine Theologie, die die Wirklichkeitsdeutung nur mit den Mitteln der Dialektik sucht. Sie lebt aus dem Eigenen und nicht aus dem Geschenkten. Weil sie die Erneuerung nicht aus der Kraft des Kreuzes bei Verlust der eigenen Mitte (…) sucht (…), erliegt sie der Versuchung, mit falschen Maßstäben sich selbst und Gott zu messen. Sie traut den Menschen und ihren Ismen die Kraft der Veränderung zu, die nur geschieht, wie Luther sagt, wenn man Gott Gott sein lässt. Theologie der Ehren lässt sich deshalb von zeitgeschichtlichen Strömungen bestimmen. Sie verwischt die Maßstäbe für Gut und Böse. Die Sünde wird namenlos. (...) Die psychologischen Dialektiken werden Ersatz für das Urteil Gottes im Kreuz Christi. Das Gewissen wird so entschärft und die Frage nach dem gnädigen Gott relativiert."(6)

Die „Theologie des Kreuzes" definierte Kemner hingegen so: „Sie sucht nicht die eigene Ehre, sondern allein die Ehre Gottes, den sie dadurch ehrt, dass sie die Rechtfertigung allein durch den Glauben in Buße und Bekehrung, in verbindlicher Nachfolge bezeugt und verkündet. (...) Während Theologie der Ehren in den Begriffen der Mitmenschlichkeit wesentlich die Erfüllung ihres Auftrages sieht, ist Theologie des Kreuzes Weckuhr Gottes aus Schuld und Sünde zur Freiheit in Christus. Sie lebt im Ärgernis einer Nachfolge, die in der Welt, nicht von der Welt ist, die in der Welt der Vereinsamung die Einsamkeit tragbar macht in der Gemeinsamkeit mit dem Auferstandenen."

Heinrich Kemner starb kurz vor Vollendung seines 90. Lebensjahres am 13. Juni 1993. Bis zuletzt hatte er das „Geistliche Rüstzentrum Krelingen" geleitet.

Ein dreiviertel Jahr nach seinem Tod ließ „Der Spiegel" in seiner Ausgabe vom 28.3.1994 eine „Bombe" platzen, indem er in reißerischer Aufmachung davon berichtete, dass Steuerfahnder gegen das Rüstzentrum Krelingen wegen fehlerhafter Verwaltung der Gelder ermittelten. Allein schon die Diktion dieses Schmähartikels machte deutlich, dass man genüsslich die Gelegenheit nutzte, den Verstorbenen zu diskreditieren und zugleich das von ihm gegründete Glaubenswerk zu treffen. So wurde das Rüstzentrum als „eine Hochburg des ultrakonservativen Pietismus" bezeichnet, das von Kemner als „bibelfestes Bollwerk gegen die sündige Welt und eine verlotterte Amtskirche" gegründet worden sei. Die Zeitschrift „Erweckliche Stimme" fungierte als „Zentralorgan der ‚Ahldener Bruderschaft'" und der theologische Studienleiter Joachim Cochlovius als „Chefideologe".

Kurz bevor die Steuerbehörden im Juli 1994 ihre Untersuchung gegen das Geistliche Rüstzentrum Krelingen einstellten(7), stellte Kemners Nachfolger Wilfried Reuter in einem Interview fest: „Die Behörden haben sich außerordentlich gründlich mit allen Anschuldigungen befasst, (...) Nach ausgiebiger Recherche können wir jetzt feststellen: Weder sind Gelder in ‚Krelingen' ‚versickert' oder unterschlagen worden, noch hat sich auch nur irgendeiner persönlich bereichert." Auch wies Reuter darauf hin, dass „die Ermittlungen einer Steuerbehörde oder eines Staatsanwaltes nicht ehrenrührig (sind)" und dass „die Verleumdungen von einem unzufriedenen, entlassenen Mitarbeiter (kamen)".

Allerdings gab der neue Krelinger Leiter auch zu: „Wahr ist an der ganzen Geschichte, dass die Verwaltung in ‚Krelingen' nicht dem Standard entsprach, die ein so weitverzweigtes Werk haben müsste. Hier ist bei mangelhafter Professionalität einiges durcheinander gegangen." Und: „Heinrich Kemner war eine typische Pioniergestalt, eine Ausnahmeerscheinung. Als er 65 Jahre alt war und andere normalerweise in den Ruhestand gehen, hat er das Krelinger Werk überhaupt erst aufgebaut. (...) Aber solche Pioniere sind in aller Regel Leute, die nicht auch gleichzeitig hervorragende Finanzchefs sein können. Kemner hätte gut daran getan, sich einen solchen Mann an die Seite zu stellen. Er war aber ein typischer und auch sehr erfolgreicher Patriarch – was allerdings auch problematisch werden kann."

Und so hatte natürlich auch der „Pionier" und „Patriarch" bei seiner ihm zugeschriebenen „vitalen Energie" und seinem „vulkanischen Temperament" auch seine Schwachstellen. Kemner konnte sehr ungeduldig werden und Widerspruch nur schwer ertragen. In dem zu seinem 100. Geburtstag herausgegebenen Sammelband „...nicht vergeblich..." berichtet der Bonner Architekt Eberhard Schultz, dass die über 20 Jahre während Zeit des gemeinsamen Planens und Realisierens der vielen Krelinger Bauprojekte „eine schöne (...), aber auch aufregende Zusammenarbeit mit Heinrich Kemner" beinhaltet habe – zumal bei dessen „Pionierungeduld". Es sei nicht immer leicht gewesen, Kemner „zu vermitteln, dass Projekte, die in seinem Kopf fertig und gezeichnet waren, nicht sofort gebaut werden konnten" (und im Übrigen „auch noch der Genehmigung bedurften"). Schultz nennt aber auch folgendes schöne Beispiel, bei dem sich ihm und seiner Frau „der weiche Kern in der oft harten Schale Kemners" besonders offenbarte: „Er hatte einen schwer behinderten, nicht sprechen könnenden, um sich schlagenden Zwölfjährigen auf dem Schoß, litt mit ihm und stammelte nur ‚mein Christian, mein Christian'. Christian schlang seine Arme um den alten Mann und wurde ruhig."(8)

Manfred Dreytza, bis 2017 Dozent im Krelinger Studienzentrum, erwähnt, dass Kemner „eine Atmosphäre geistlicher Natürlichkeit und natürlicher Geistlichkeit (verbreitete). Er konnte in manchen Situationen in Rage geraten wie ein plötzlich auftretendes Gewitter – aber sich einen Tag später entschuldigen, wenn er im Unrecht war. Diese Echtheit hat mich überzeugt. Dass wir auch als Nachfolger Jesu begnadete Sünder sind, hat sich mir eingeprägt."

Der langjährige Leiter der Drogentherapie, Gerhard Reuhl, wurde sogar mehrmals von Kemner im Affekt „fristlos entlassen". (Dabei hielt er doch viel von diesem Mitarbeiter und schätzte ihn sehr!) Beim ersten Mal, als Reuhl diese spontanen Reaktionen noch nicht so recht kannte und einordnen konnte, war das besonders schwer für ihn. Doch wurde ihm nach einem Klagegebet klar, dass er einfach mit seinem Dienst fortfahren solle. Und dann geschah Folgendes: „Am Samstag darauf klingelte es gegen Mittag an meiner Wohnungstür. Heinrich stand davor. Er hatte den weiten Weg von seinem Haus her zu Fuß gemacht, allein. Er sah mich gar nicht an, hatte den Blick gesenkt und sagte nur: ‚Gerhard!' Und dann kam die Frage: ‚Bist du noch da?' Ich sagte ihm, ich hätte schon einige Mühe gehabt, zu bleiben. Aber ich hätte meinen Herrn gefragt und der hätte gesagt, ich soll weitermachen, denn er selber habe mich doch an diesen Platz gestellt. Heinrich nahm mich in die Arme und weinte, er ging mit mir auf die Knie und bat Gott und mich um Vergebung. Dann dankte er Gott, dass er mir so viel Ausdauer geschenkt habe, um ihn, den Heinrich, zu ertragen. Und dann lüftete er sein Geheimnis in seiner so eindeutigen Kemner-Art: ‚Gerhard, vor Gott gilt nur die absolute Ehrlichkeit. Ich kann ja nicht auf die Kanzel, wenn der Blick nicht frei ist!'"

Henry Wilker, GRZ-Mitarbeiter im Bereich Öffentlichkeitsarbeit, gab an, dass er Kemners Frau Gretel bewundert habe: „Viele Scherben, die der ‚alte Kemner' mit seinem Dickkopf zerschlug, kehrte sie – nicht selten ohne sein Wissen – wieder zusammen." Sie sei „in ihrer manchmal rauen, aber immer herzlichen Art die eigentliche Seele des Krelinger Werkes" gewesen.

Und auch Heinrich Kemner selbst wusste nur zu gut, was er an seiner Frau hatte. In einer Sendung des ERF aus dem Jahr 1993 bezeichnete er seine Ehe – trotz ihrer Kinderlosigkeit – als „die glücklichste Ehe, die man sich denken kann", um dann freimütig zu bekennen: „Meine Frau sagt: ‚Du machst mir mehr Arbeit als fünf Kinder!' Und das stimmt auch wohl. (…) Sie hat es schwer mit mir. Ich bin ein eigenwilliger Mensch. Ich habe Ecken und Kanten. Auch hier im Werk. Ich kann als alter Oberinspektor auch mal ein bisschen laut werden und habe mich wiederholt korrigieren müssen in der Korrektur Gottes." Gretel Kemner fuhr ihren Mann zu all seinen zahlreichen auswärtigen Diensten selbst und scheute sich nicht, ihn – wo nötig – auch zu kritisieren. Da er die Angewohnheit hatte, selbst bei seinen Reden stets eine Hand in der Hosentasche zu haben (was von manchen nicht gerne gesehen wurde), nähte sie ihm schließlich die Hosentaschen seiner dunklen Anzüge einfach zu.

Gott jedenfalls liebt und erzieht sich die Menschen als Originale. (Kemner: „Christus macht aus einem Spatzen keine Nachtigall, sondern einen echten Spatzen.") Und wie unterschiedlich in ihrem Temperament und Wesen waren doch auch die Jünger, die Jesus in seine Nachfolge berief! Sie einte aber die Liebe und das Vertrauen zu ihrem gemeinsamen Herrn und die Bedingungslosigkeit ihrer gelebten Jüngerschaft. Und so wollte auch Kemner seinem Herrn vertrauensvoll nachfolgen und sich von ihm gebrauchen lassen. Und das auch trotz und in aller Schwachheit und Unvollkommenheit, die auch ihm anhaftete – aber dennoch in der Ganzhingabe seines Lebens. Was sein Vater ihm auf dem Sterbebett einst als Vermächtnis und Segenswort mitgab, wobei er seinem Sohn seine schwere Bauernhand aufs Haupt legte und zu ihm sagte: „Du hast den schönsten, aber auch den schwersten Beruf; aber was du bist, sei ganz!" – diesen Segenswunsch hat Heinrich Kemner in großer Konsequenz zu leben versucht.

Anmerkungen

(1) Kemner blieb Barth auch in seinem späteren Leben freundschaftlich nahe und meinte, dass dieser, „je älter er wurde, desto mehr Verständnis für den pietistischen Grundansatz" seiner theologischen Auffassung gehabt habe.

(2) Dabei durfte Kemner immer wieder erleben, dass Gott auch finanziell durchhalf. Als er einmal am nächsten Tag 100.000 DM zu zahlen, aber nur 25.000 DM zur Verfügung hatte, da – so erzählte er einmal – „kommt D. angefahren mit seinem Mercedes nach einer unruhigen Nacht und sagt, ich musste kommen, ich konnte nicht schlafen. Ich sage, ich auch nicht. Er sagt: ‚Die Predigt von neulich über Frucht und Erfolg ist heute Nacht bei mir aufgegangen', und er steckt mir einen Scheck in die Tasche: 80.000 DM. Ich hatte noch 5.000 Mark über."

(3) In seiner Selbstbiografie gibt Kemner an, dass er in seinem theologischen Selbstverständnis sich immer als Lutheraner verstanden habe. „Das rechte Verhältnis zum Pietismus", so führt er weiter aus, „habe ich bei der Beschäftigung mit Hermann Bezzel gefunden. Dieser große Lehrer der Kirche hat mich darin überzeugt, dass die reformatorische Rechtfertigung nur dann verbindlich in der Heiligung zum Zuge kommen kann, wenn sie Verbindlichkeit in der Willenshingabe und Nachfolge wird."

(4) Kemner zitierte häufig das Kierkegaard-Wort: „Die einzige Neuigkeit des Erdentages ist der Ewigkeit Anfang in Jesus Christus". „Dieser Schnittpunkt von Zeit und Ewigkeit eines Menschen, den Kemner gern ‚Kairos' nannte", so der ehemalige Krelinger Studienleiter Joachim Cochlovius, „war ihm Ziel des Menschseins hier auf Erden."

(5) Dabei scheinen die Seelsorgesuchenden nach der entlastenden Beichte und dem Zuspruch der Vergebung Gottes oft von einer starken Freude erfüllt gewesen zu sein. So berichtet der Lüdenscheider Pfarrer Paul Deitenbeck in seinen Lebenserinnerungen *Eigentlich nichts Besonderes*: „Wenn Kemner in Lüdenscheid evangelisierte, wohnte er regelmäßig im Christlichen Hospiz. Viele Menschen suchten damals seinen seelsorgerlichen Rat. Eines Tages fragte ihn die Hausdame des Hospizes: ‚Sagen Sie, Herr Pastor, wie kommt es eigentlich, dass die Leute alle so fröhlich sind, wenn Sie Ihr Sprechzimmer verlassen?'"

(6) Kemner ging von einer untergründigen Realität des Bösen in der Welt aus. So meinte er einmal: „Wie wir im Theater auf die Bühne blicken und die Welt hinter den Kulissen nicht sehen, so geht es uns auch, wenn wir die Wirklichkeit nur mit unseren fünf Sinnen erfassen wollen. Es gibt eine

unsichtbare Welt. Paulus sagt, wir haben nicht mit Fleisch und Blut zu kämpfen. (...) Es ist das Wesen des Bösen, dass wir es nie wissenschaftlich in den Griff kriegen. Es entzieht sich immer wieder mit Schlangenart, aalglatt und verführerisch, unwirklich wirklich. Mit einer vorgespannten Teilwahrheit verfrachtet es immer Lüge und Betrug. Das personifizierte Böse nennt die Bibel den Teufel."

(7) Der GRZ-Leiter Wilfried Reuter gab in einer entsprechenden Meldung hierzu an, dass die im „Spiegel" erhobenen strafrechtlich relevanten und ehrenrührigen Vorwürfe sich als haltlos erwiesen hätten. Allerdings habe das Finanzamt tatsächlich Anlass gehabt, „Abläufe in unserer Verwaltung zu kritisieren", wobei man die Mängel selber offengelegt habe. In „sehr fairer und konstruktiver Zusammenarbeit mit den Behörden" seien Strukturen verbessert und Abläufe professionalisiert worden.

(8) In der ebenfalls zu Kemners 100. Geburtstag herausgegebenen Erinnerungsschrift „Gedenkt eurer Lehrer" schreiben Detlef und Hannelore Schladebusch: „Kemners Einsatz war ein Zeugnis der Liebe und Treue Gottes und der Verlässlichkeit auf Gottes Wort. Er nahm sich gestrandeter junger Menschen in väterlicher Liebe an und versuchte ihnen zu helfen. Alles, was im Geistlichen Rüstzentrum in Jahrzehnten aufgebaut wurde, geschah aus Liebe zu Jesus und zu den Menschen, die er für ihn gewinnen wollte. Er schonte sich nicht, viele Nachtstunden verbrachte er im Gebet. Er sagte des Öfteren in seiner drastischen Sprache: ‚Dann jaule ich wie ein Hund vor meinem Herrn.'"

Literatur- und Quellennachweis

Abschied von Pastor Heinrich Kemner. Trauerfeier im Zeichen des Dankes. In: Erweckliche Stimme 7/1993
Joachim Cochlovius: Weg und Ziel. Zur Erinnerung an Pastor Heinrich Kemner. In: Erweckliche Stimme 7/1993
Paul Deitenbeck: Ein kirchliches Urgestein. Zum Tode eines der bekanntesten Pfarrer: Heinrich Kemner. In: ideaSpektrum v. 16.6.1993
Manfred Dreytza: Das theologische Erbe Heinrich Kemners. In: Erweckliche Stimme /1997
Gottes deutsche Eiche. Pastor Heinrich Kemner berichtet über sein Leben. ERF-Kassette (1993)
Jochen Eber: Kurz-Biografie Pastor Heinrich Kemner. (www.grz-krelingen.de>downloads>presse>texte>file)
„Gedenkt eurer Lehrer". Pastor Heinrich Kemner (1903-1993), Broschüre, hrsg. vom Gemeindehilfsbund. Walsrode 2006 (2. Auflage)
Elfriede Horn: Das Geistliche Rüstzentrum Krelingen. In: Bruderhilfe-Journal 3/1988, S. 36-40
Heinrich Kemner: Da kann ich nur staunen. Lebenslauf. Wuppertal 1983

Kemner, Heinrich: Der brennende Dornbusch. In: K. Heimbucher/T.Thoma: Diener Jesu Christi. Bekannte Persönlichkeiten berichten aus ihrem Leben. Bad Liebenzell 1984, S. 49-54

Kemner, Heinrich: Von Gott geprägt. Begegnungen mit Hermann Bezzel, Vater Bodelschwingh, Wilhelm Busch, Hanns Lilje, Eva von Tiele-Winckler und anderen. Neuhausen-Stuttgart 1984

Lauter, Hartmut: Das diakonische Erbe Heinrich Kemners. In: Erweckliche Stimme 11/1996

Lauter, Hartmut: „Der Funkenflug muss weitergehen!" 25 Jahre Geistliches Rüstzentrum Krelingen. In: Erweckliche Stimme 7/1994

Mit 65 noch einmal anfangen. Idea-Interview mit Pastor Heinrich Kemner zum 85. Geburtstag. Nachgedruckt In: Erweckliche Stimme 8/1988

Segensspuren. Aus der Predigt von Pfarrer Paul Deitenbeck bei der Trauerfeier für Pastor Heinrich Kemner am 19.6.1993. In: Erweckliche Stimme 7/1993

Reuter, Wilfried (Hg.): „...nicht vergeblich...". Spurensuche zum 100. Geburtstag von Heinrich Kemner. Groß Oesingen 2003

Reuter, Wilfried im Interview mit ideaSpektrum (26/1994: „Was in der Kirche lähmt". „Krelingen": Für große Änderungen in Kirche und Pietismus

Reuter, Wilfried: Versuchter Rufmord an einem großen Pionier. „Spiegel"-Kampagne gegen das Krelinger Rüstzentrum und Pietismus. In: Erweckliche Stimme 4/1994

Spiegel-Vorwürfe als haltlos erwiesen. „Krelingen" Steuerbehörden beenden Untersuchung. In: ideaSpektrum 30/31-94

Steuerfahnder ermitteln gegen „Krelingen". Schwere Vorwürfe im „Spiegel" – Neuer Leiter: Niemand hat sich bereichert (ideaSpektrum 31/1994)

Wahre Wunder. Steuerfahnder ermitteln gegen das Rüstzentrum Krelingen, eine Hochburg des ultrakonservativen Pietismus (Der Spiegel 13/1994)

Walsroder Zeitung: Ein Evangelist, der sich Gott und der Welt durch sein Werk beweist. Nachgedruckt in: Erweckliche Stimme 8/1983

Wilker, Henry: Von damals bis heute. 25 Jahre Geistliches Rüstzentrum Krelingen im Rückblick. Erweckliche Stimme 8/1994

90 Jahre „Kirchengeschichtliches Urgestein". Zum 90 Geburtstag von Pastor Heinrich Kemner. In: Erweckliche Stimme 6/1993

Friedrich Sondheimer – ein Evangelist mit Vollmacht

Es geschah auf dem 5. Kongress des Baptistischen Weltbundes, der vom 4. bis 10. August 1934 in Berlin abgehalten wurde. Für den Sonntagabend ist eine evangelistische Kundgebung vorgesehen. In der großen Konferenzhalle tritt plötzliche eine erwartungsvolle Stille ein, als der Verkündiger das Rednerpult betritt: in seiner linken Hand sieht man eine brennende Fackel und in seiner rechten einen Hammer. Und dann hält der Redner vor den etwa 10.000 atemlos lauschenden Kongressgästen eine Ansprache, die allen unvergesslich bleiben sollte. Er spricht über das Bibelwort: „Ist mein Wort nicht wie ein Feuer, spricht der Herr, und wie ein Hammer, der Felsen zerschmeißt?" (Jer. 23,29). „Die Hauptgedanken seiner Predigt", so erinnerte sich noch viele Jahre später ein Augen- und Ohrenzeuge, „waren 1. Feuer leuchtet. 2. Feuer wärmt. 3. Feuer verzehrt und läutert. 4. Der Hammer ist Sinnbild für die formende Kraft des Evangeliums. Zur Bekräftigung seiner Aussagen schwang er (der Verkündiger; M.H.) die Fackel, dass die Funken sprühten, und schlug mit dem Hammer auf eine Eisenplatte, dass es in den vielen Lautsprechern nur so dröhnte."

Der Mann, der jene „Feuer-Hammer-Predigt" hielt, war der damals 46-jährige Friedrich Sondheimer, den man wohl als den profiliertesten und „erfolgreichsten" baptistischen Evangelisten des vergangenen Jahrhunderts in Deutschland bezeichnen kann. Ein Mann, der in großer Entschiedenheit seinen Glauben lebte, der unerschrocken seinen Glauben bezeugte und der unermüdlich bei anderen Menschen darum warb, dass auch sie in eine lebendige Glaubensbeziehung zu Jesus Christus eintraten. Das erlebten beispielhaft auch einige junge Leute an einem Abend in einem Eisenbahnabteil auf ihrer Fahrt von ihrer Arbeitsstelle nach Hause. Sondheimer war in ein Abteil zugestiegen, in dem bereits zwei junge Mädchen saßen. Nachdem diese zwei Liebesschnulzen vor sich hin gesungen hatten, in denen die Liebe einen tragischen Ausgang nahm, teilte Sondheimer ihnen mit, dass er schönere Liebeslieder kenne. Andere Mädchen im Wagen bekommen dies mit und finden sich ebenfalls in Sondheimers Abteil ein. Der sagt seinen Zuhörerinnen zunächst einmal sein „Liebeslied" vor und beginnt es dann selber ihnen vorzusingen. Sämtliche drei Strophen enden mit dem Refrain: „Ich bin so froh, dass Jesus mich liebt, Jesus mich ewig liebt!" Dann übt er das Lied mit den Mädchen gemeinsam ein und gibt es ihnen bei ihrem Ausstieg auch noch schriftlich mit. Das war Sondheimer.

Friedrich Sondheimer ist am 27. Februar 1898 in Meiningen/ Thüringen geboren worden. Sein Vater war Bankbeamter. „Durch eigenartige Erlebnisse", schreibt Sondheimer in seiner autobiografischen Schrift *Erlebnisse mit Gott und Menschen*, „kam mein Vater (...) zum lebendigen Glauben an Christus, als ich ein Knabe von etwa vier Jahren war. Zu dieser Zeit wurde ich von einer gefährlichen Diphtherie heimgesucht und noch im letzten Augenblick durch eine Operation nach Mitternacht am Leben erhalten, was als Gebetserhörung ein Gotteserlebnis für meine Eltern gewesen ist."

Als Kind besucht Sondheimer den Kindergottesdienst in der Meininger Stadtkirche und später die Sonntagsschule in der neugegründeten kleinen Baptistengemeinde im Ort. Bei Hausandachten und in den Gesprächen, die die Erwachsenen führen, hört er oft von Jesus Christus und seinem Erlösungswerk. Denn auch sein Vater hat sich den Baptisten angeschlossen. Auf dem humanistischen Gymnasium kommt der Sohn durch die Anschauungen einiger Lehrer zunächst in eine Krise seines eigenen Kinderglaubens. „Doch entging es mir nicht", so berichtet Sondheimer später, „dass die schlichten Jünger Jesu etwas besaßen, was mich mehr anzog als bloße Gelehrsamkeit. So konnte es nicht ausbleiben, dass eines Tages mein trotziges, widerstrebendes Knabenherz durch die Macht der Liebe Gottes in Christo Jesu besiegt wurde."

Das geschah, als der Junge gut dreizehn Jahre alt war. Er hatte sich schlafen gelegt, konnte aber keine Ruhe finden. Viele Geschehnisse aus seinem bisherigen Leben beschäftigten ihn, so manches Fehlverhalten tauchte in seiner Erinnerung auf: Ungehorsam, Lieblosigkeiten gegenüber anderen, aber auch Neid, Hass, Missgunst und anderes mehr. Das alles machte ihn tieftraurig. Da rief er in seiner inneren Not „mit heißem Verlangen den Namen Jesu an, bekannte ihm meine Sünden und bat ihn um Vergebung. Noch während ich betete, kam ein leichtes, frohes Gefühl über meine Seele; der Sündenstein fiel von meinem Gewissen, und schließlich war es mir so, als wenn sich der Herr unsichtbar meinem Lager genähert, seine Hand auf mein Haupt gelegt und zu mir gesagt hätte: ‚Mein Junge, deine Sünden habe ich dir vergeben!'" Dankbar hebt Sondheimer hervor, dass weder der Prediger noch sein Sonntagsschullehrer und auch nicht sein Vater ihn zu einem solchen Schritt gedrängt hatten. („Sie haben für mich gebetet und es dem Wirken des Geistes Gottes überlassen und zugetraut, er werde mich schon zur rechten Zeit ergreifen.")

Bei den Baptisten wird man erst dann getauft, wenn der Taufbewerber vor der Gemeinde bekennt, an Jesus Christus zu glauben und ihm nachfolgen zu wollen. Das tat nun auch der junge Sondheimer wenige Monate nach seiner Bekehrung. Ostern 1912 wird er in der Baptistenkapelle im nahe gelegenen Schmalkalden mit vier anderen Personen getauft.

Während seiner Zeit auf dem Gymnasium konnte Friedrich Sondheimer einmal wegen einer Erkrankung drei Monate lang die Schule nicht besuchen. Durch den mehrmonatigen Lernausfall blieb er ein Jahr in der Schule zurück. Das führte dazu, dass bei Ausbruch des Ersten Weltkrieges im Sommer 1914 er sich im Gegensatz zu seinen anderen Kameraden nicht freiwillig zum Kriegsdienst meldete. Später erfährt er, dass keiner seiner ehemaligen Klassenkameraden den Krieg lebend überstanden hatte: „Gemeinsam waren sie in dieselbe Truppengattung und Kompanie eingetreten, gemeinsam nach Ypern ausgerückt, und alle sind in den schweren Kämpfen dort auf dem Schlachtfeld geblieben. So wurde meine Krankheit und mein Zurückbleiben in der Schule ein Bewahrungsleiden."

Dennoch wurde er natürlich später noch zum Militär eingezogen und nahm dann zwei Jahre lang als Soldat an diesem mörderischen Krieg teil. Durch sein Bekenntnis zu Jesus Christus, durch sein Bibellesen und Beten muss er durch seine Kameraden und Vorgesetzten so manchen Spott und so manche Schikane erdulden. Gleichzeitig erlebt er aber auch, dass Gott immer wieder seine schützende Hand über ihn hält und sein Glaube trotz aller Anfeindungen gestärkt wird. Im letzten Kriegsjahr – 1918 – fühlt sich Sondheimer derart erschöpft, dass er Gott intensiv um sein Helfen und Eingreifen anfleht. Da ereilt ihn eine leichte Malaria. Er wird aus der Stellung in den Vogesen herausgezogen und zur Erholung für zwei Monate in den Schwarzwald geschickt. Zurückkehren in den

Krieg muss er danach nicht mehr. Und auch seine Malaria ist verschwunden.

„Gesund und wohlbehalten" gelangt Sondheimer in seine Heimat zurück. Er ist von dem Empfinden erfüllt, dass ihm sein eigenes Leben eigentlich gar nicht selbst gehört, da doch Gott es ihm „zu wiederholten Malen" geschenkt habe. Fortan engagiert er sich in der Sonntagsschule und der Jugendarbeit der Baptistengemeinde in Meiningen und wird schließlich auch verschiedentlich zur Wortverkündigung herangezogen. Diese Dienste versieht er in seiner freien Zeit, denn beruflich ist er als Gerichtsbeamter tätig.

Da widerfährt ihm eines Tages ein Berufungserlebnis zum vollzeitlichen Dienst im Reiche Gottes. In seiner Autobiografie berichtet er darüber so: „Eines Tages ging ich nach Dienstschluss auf den Bergen in meiner Heimatstadt spazieren. Ich fühlte mich veranlasst, im Walde ein dichtes Unterholz aufzusuchen und dort auf den Knien für die Bewohner meiner Heimatstadt zu beten. Während ich dort im Gebet vor Gott lag, erlebte ich seine Gegenwart in einer so überwältigenden Weise, wie ich sie bis dahin nie erfahren hatte und in späteren Zeiten auch nur selten wieder erlebt habe. Gott sprach vernehmlich zu mir und fragte mich: ‚Willst du nicht gehen und mein Bote sein und die Heilsbotschaft, die du an deinem eigenen Herzen erlebt hast, deinen Mitmenschen verkünden?' Wenn ich diese Stimme Gottes auch nicht mit meinem äußeren Ohr vernommen habe, so hätte doch das lauteste Reden eines Menschen mit mir nicht gewisser und klarer sein können als dieses Sprechen des Ewigen mit meiner Seele. Freudig gab ich Gott mein Ja zu seinem heiligen Ruf (…)"

Bis es zur Realisierung dieser Berufung kommt, vergeht zwar noch einige Zeit. Auch gilt es den einen oder anderen Kampf zu bestehen. Aber die grundsätzliche Entscheidung ist für Sondheimer gefallen. Dabei sollten ihm im Verlauf dieser Wartezeit weitere Ereignisse und Erfahrungen seine Berufung bestätigen. Zum einen schenkt ihm Gott nach seinen eigenen Worten ein „dreifaches Berufungsgesicht". In diesem visionärem Erlebnis wird er nicht nur auf die Vergänglichkeit seines Lebens hingewiesen und auf seine Verantwortung, es dem Willen Gottes gemäß zu führen und die ihm gewährte Lebensspanne recht zu nutzen, sondern er wird auch aufgefordert, sich

Gottes umgestaltendem Wirken willig auszusetzen und sich dem göttlichen Plan und Führen vertrauensvoll zu unterstellen.

Wenngleich sich Friedrich Sondheimer also von Gott in den vollzeitlichen Dienst berufen weiß, so fühlt er sich andererseits doch wenig würdig zu dem Amt eines Predigers. „Ich fing nun an", schreibt er, „um eine Erfüllung mit dem Heiligen Geist zu beten und erhoffte davon eine besondere Kraft und Ausrüstung für meinen Dienst. Ich hatte es mir so vorgestellt, ich müsse ganz Herrliches erleben, so dass ich mich etwa wie auf Adlersflügeln davongetragen fühlen würde oder dass es etwa wie ein Feuerstrom durch meine Seele ginge; aber nichts von alledem ereignete sich. Im Gegenteil, ich bekam eine viel tiefere und eindringendere Sündenerkenntnis als je zuvor. Und, eigenartig: Gewisse Dinge meiner Vergangenheit (…) standen auf einmal vor meinem inneren Auge und ließen mich nicht mehr los. Um in einem Bilde zu sprechen: Es war mir gerade so, als wenn Gott gewisse Dinge meiner Vergangenheit in einen Sack gesteckt und ihn beiseite gestellt hätte. Bis zu dem Augenblick, da ich ihn um die Erfüllung mit dem Heiligen Geist bat. Jetzt holte er den Sack hervor, öffnete ihn, zeigte mir Verschiedenes aus meiner Vergangenheit, das ich noch nicht in Ordnung gebracht hatte, und mahnte mich (…), es nun endlich zu tun."

Es fällt Sondheimer nicht leicht, all die verkehrten Dinge, die ihm nach und nach bewusst werden, zu bereinigen und Menschen für sein Fehlverhalten um Verzeihung zu bitten. Doch er will Gottes Geist unbedingt gehorsam sein. Nachdem alles von seiner Seite aus geordnet worden ist, überkommt ihm ein „überströmender Friede". Und er darf die Erfahrung machen, dass Gott ihm die besondere Gnadengabe des Evangelisten hat zuteilwerden lassen: „Bis dahin hatte ich auch meinen Heiland bezeugt, ich verteilte Traktate und redete zu Menschen von Gott und der Bibel. Wenn ich etwa in einen Bahnwagen kam und Traktate verteilte, kam es oft zu heftigen Auseinandersetzungen. (…) Dabei bekehrte sich aber niemand offensichtlich. Jetzt war es anders. Durchaus nicht in jedem Falle bezeugte ich Christus; ich ließ mich mehr leiten. Aber von jener Zeit an haben sich auf Grund meiner Zeugnisse dauernd einzelne Menschen zu Christus bekehrt."

Eines Tages nun kam der örtliche Gemeindeprediger nach einem Gottesdienst in die elterliche Wohnung von Friedrich Sondheimer und bittet diesen um ein Gespräch unter vier Augen. Freundlich legt er ihm seine Hand auf die Schulter und teilt ihm mit: „Fritz, ich muss heute mit dir reden. Gott hat mir im Gebet den Auftrag gegeben, dich zu fragen, wann du dich dem Dienst Gottes ganz zur Verfügung stellen willst." Da erzählt ihm Sondheimer nun von der ihm widerfahrenen eigenen Berufung. Der erfreute Prediger rät nun seinem jungen Gemeindeglied, das baptistische Predigerseminar in Hamburg-Horn zu besuchen.

Vierundzwanzig Jahre ist Friedrich Sondheimer bei seinem Eintritt in das Seminar alt. Er hatte in seinem bisherigen Beruf unmittelbar davor gestanden, zum Justizobersekretär befördert zu werden. Doch nun konzentriert er sich mit ganzer Kraft auf die dreijährige Ausbildung zum Baptistenprediger.

Neben seinen Studien am Seminar ist Sondheimer vielfältig aktiv: Er verteilt das baptistische Sonntagsblatt, den „Friedensboten", von Haus zu Haus. Mit anderen Seminaristen führt er im Hamburger Stadtteil Wandsbek evangelistische Freiversammlungen durch. Auch hilft er in der dortigen Baptistengemeinde in der Sonntagsschul- und Jugendarbeit und predigt auch hin und wieder in den Gottesdiensten.

Da verwundert es wenig, dass die Wandsbeker Gemeinde ihn bereits ein Jahr vor seinem Seminarabgang (1925) zu ihrem Prediger wählt. Bis 1928 versieht er in dieser Gemeinde seinen Dienst. Er erreicht, dass die sonntäglichen Nachmittagsgottesdienste statt im wenig ansehnlichen Versammlungsraum öffentlich im nahe gelegenen Wandsbeker Gehölz abgehalten werden. Auf diese Weise werden auch viele Gemeindefremde mit der biblischen Botschaft erreicht. In Sondheimers Wandsbeker Zeit fällt auch seine Heirat mit Helene Knapp. Mit ihr hatte er die Lebensgefährtin erhalten, „die ich für meine Aufgaben im Reiche Gottes brauchte". Im Verlauf ihrer Ehe sollten dem Ehepaar zehn Kinder geschenkt werden.

Schon vor dem Antritt seines Predigerdienstes in Wandsbek war Sondheimer gefragt worden, ob er nicht als Evangelist in der baptistischen „Wagenmission" mitarbeiten wolle. Doch da hatte er bereits der Wandsbeker Gemeinde seine Zusage gegeben. „Als nun zum zweiten Male", so Sondheimer, „ein solcher Ruf an mich ergangen war und der Herr in zwei Probemonaten in dieser Arbeit über Bitten und Verstehen nach jeder Seite hin geantwortet hatte, gab ich nach knapp drei Jahren meinen Dienst als Gemeindeprediger auf und zog nun zehn ganze und zwei halbe Sommer mit einem Missionswagen erst durch die Nieder- und Oberlausitz und Niederschlesien, später durch das Rheinland und Westfalen, das Siegerland, den Westerwald und durch Brandenburg und verkündete unter freiem Himmel die Heilsbotschaft, die ich als Gotteskraft an meinem eigenen Herzen erfahren hatte."

Die „Wagenmission" war eine volksmissionarische Arbeit, mit der man besonders die Menschen zu erreichen suchte, die sich dem Christentum entfremdet hatten. Da der Missionswagen Ähnlichkeit mit einem „Zigeunerwagen" hatte, riefen die Kinder bei der Durchfahrt oder der Ankunft in einem Ort oft: „Zigeuner kommen! Zigeuner kommen!" In so einem Wagen reiste nun Sondheimer mit einem weiteren Mitarbeiter durch die Lande. In dem Wagen befanden sich Schlafmöglichkeiten und eine Gelegenheit zum Kochen.

In den Städten oder Dörfern, in denen man sich für eine gewisse Zeit aufhalten und vor dem Wagen Freiversammlungen durchführen wollte, wurden vorher Einladungszettel und christliche Traktate verteilt. Bei den Gottesdiensten an der frischen Luft war für ältere Menschen auf den mitgeführten Klappstühlen Sitzgelegenheit gegeben. Seelsorgerliche Aussprachen konnten im Wagen durchgeführt werden.

Die gesungenen Lieder begleitet Sondheimer entweder auf einer Gitarre oder einem Harmonium. Manchmal unterstützen und bereichern auch Chöre aus umliegenden Baptistengemeinden die Versammlungen. Auch für Kinder gab es ein eigenes Programm, bei dem auf die „Lernstunde" immer gesellige Spiele folgten.

Manchmal hörten Hunderte von Menschen Sondheimers öffentlicher Verkündigung zu, und es kam zu zahlreichen Bekehrungen. Taufen fanden nach baptistischem Ritus durch Untertauchen der Taufwilligen in Flüssen oder Seen statt. Für das Umkleiden hielt man zwei Taufzelte bereit.(1)

Doch es gab auch viele Anfeindungen und massiven Widerstand. Sondheimer: „Die meisten Menschen machen sich gar keinen Begriff mehr, welche häufigen und gemeinen Störungen wir bei unseren Missionsversammlungen damals gehabt haben. Viele unserer Versammlungen konnten nicht programmgemäß durchgeführt werden. Störungen aller Art mussten wir erleben: Gemeine Redensarten, Zwischenrufe, Lachen, Spotten, Lästern, Anpöbelungen, Schimpfkanonaden, das Singen von Freiheitsliedern, flegelhaftes Benehmen, Pfeifen, Johlen und dergleichen. Man verbrannte mitten in der Versammlung einen Stoß ‚Friedensboten‘. (…) Knallfrösche wurden mitten unter die hörende Menge geworfen. Eine Lokomotive ließ man schrill in unserer Nähe pfeifen. Ja, man ging so weit, dass man zum Mord der Volksmissionare öffentlich aufforderte!“ Es kam sogar vor, dass man versuchte, den Missionswagen in die Spree zu stoßen. Doch auch diese Erfahrung macht Sondheimer: „Wenn wir nun auch einen schweren Stand hatten, so hat doch Gott, wenn das Maß der Bosheit voll war, immer wieder eingegriffen.“

Einmal kam es zu einem regelrechten „Sängerwettstreit“ am Missionswagen. Er geschah auf dem Lubstplatz in Guben im Sommer 1928. Sondheimer hat gerade seine Ansprache, die schon die ganze Zeit über ständigen Zwischenrufen ausgesetzt gewesen war, vor einer übergroßen Menschenmenge beendet. Da beginnt eine geschlossene Schar von mehreren Hundert Freidenkern die Internationale loszuschmettern. Jugendbündler der Landeskirchlichen Gemeinschaft, die an diesem Abend den Vortag mit ihrem Gesang unterstützt haben, setzen nun der Internationale das Lied: „O, Liebe, goldner Sonnenschein für's arme Menschenherz“ entgegen. Andere, denen das Lied auch bekannt ist, stimmen ebenfalls kräftig mit ein. Danach singen alle Gläubigen das Lied „Welch Glück ist's erlöst zu sein, Herr, durch dein Blut.“ Zwar versuchen die Freidenker noch einmal loszulegen, aber sie kommen gegen den mächtigen Gesang der Christen nicht mehr an. Diese singen nun auch noch „Harre, meine Seele, harre des Herrn“ und als Abschluss: „Lobe den Herren, den mächtigen König der Ehren“. Als das letzte Lied vom ewigen, allmächtigen Gott ertönt, erlangt die Empörung der

Gottesleugner ihren Höhepunkt. Sondheimer ist, als sei die Hölle losgelassen: „Mit Grasbüscheln wird geworfen! Mitten in den wuchtigen, geistlichen Gesang hinein tönt ein entsetzliches Schreien, Johlen, Pfeifen, Fauchen und Brüllen aus hunderten von Kehlen. Da hinein mischt sich das Klingeln vieler Räder, die die Arbeiter zum großen Teil mit sich führten. (…) Mein Herz aber ist ruhig im Herrn." Den „Gesangswettkampf", der noch in einigen Kilometern Entfernung zu hören war, haben die Gläubigen jedenfalls definitiv gewonnen.

Ein Jahr zuvor, im Juli 1927, stand Sondheimer mit dem Missionswagen auf dem Bismarckplatz in Forst (Lausitz). Wieder einmal kommt es zu Auseinandersetzungen mit einer großen Gruppe von Kommunisten und Freidenkern. Plötzlich bekommt während der Versammlung ein Mädchen laute Schreikrämpfe. Dann fällt es wie tot zu Boden. Einige Christen tragen es zu einem Rasenstück und legen es dort nieder. Die Kommunisten drängen sich um das Kind und versuchen es mit Wasser zu beleben. Gleichzeitig machen sie dem Evangelisten und weiteren Christen die heftigsten Vorwürfe und geben ihnen die Schuld an dem unglücklichen Vorfall. Sondheimer erhält die innere Gewissheit, dass Gott sich in diesem Falle verherrlichen wolle. Nachdem er die anwesenden Gläubigen aufgefordert hat mitzubeten, tritt er zu dem wie tot daliegenden Mädchen hin, legt seine Hände auf ihr Haupt und bittet im Gebet um Jesu Eingreifen. Im nächsten Moment schlägt das Kind die Augen auf und tritt auf seine Füße.

Im Juli 1938 schied Sondheimer aus der Volksmissionsarbeit aus und wurde Prediger der Baptistengemeinde in Magdeburg, zu der unter den besonderen Umständen des Dritten Reichs schon bald die Mitglieder der örtlichen pfingstlerischen Elimgemeinde hinzustießen. Wenngleich Sondheimer aufgrund des unterschiedlichen Verständnisses der „Geistestaufe" manche Auseinandersetzungen mit dem einen oder anderen von ihnen hatte, so kam es doch zu einem erfreulichen Gemeindewachstum: Während seiner zehnjährigen Dienstzeit in Magdeburg durfte er rund 430 Menschen auf das Bekenntnis ihres Glaubens hin taufen.

Während der Nazizeit wurde Friedrich Sondheimer mehrmals von der Gestapo verhört. Dabei waren die Anlässe banaler Art gewesen. So auch, als er im Mai 1940 eine Vorladung erhielt. Er hatte im

Gottesdienst über Joh. 12, Vers 24 gepredigt: „Wenn das Weizen-korn nicht in die Erde fällt und erstirbt, so bleibt es ein Korn für sich allein; wenn es aber erstirbt, so bringt es viele Früchte." Dabei hatte er über den Sinn des Opfers gesprochen und unter anderem ausge-führt, dass alles Opfer bedeutungslos sei, wenn es keine Ewigkeit gebe für die wir wirkten. Und dann konkretisierte er seine Aussage mit dem Satz: „Das ewige Leben ist nach der Lehre Jesu ein individuelles, persönliches Fortleben und kann nicht biologisch durch die Fortpflanzung erklärt werden, denn sonst hätten Pferde, Schweine und andere Tiere auch ein ewiges Leben." Da dieser Satz in Widerspruch zu einer Aussage des NS-Ideologen Alfred Rosenberg stand, wonach das ewige Leben lediglich biologisch in der Fortpflanzung bestehe, leitete ein „Abhörer" Sondheimes Aussage an die Gestapo weiter.

Die lädt den Baptistenprediger vor und beschuldigt ihn allen Ernstes, er habe mit seiner Aussage die Nationalsozialisten beleidigt, indem er sie mit Tieren verglichen habe. Natürlich wehrt sich Sondheimer gegen diese absurde Interpretation. Dennoch wird er aufgefordert, seine in der Predigt geäußerte Meinung mit dem Ausdruck des Bedauerns zurückzunehmen. Als Sondheimer dem ihn verhörenden SS-Offizier klar macht, dass er das nicht könne, da ein solcher Widerruf gegen seine christliche Überzeugung sei, wird er – nach Unterzeichnung eines Protokolls – mit einer Drohung entlassen. Drei Wochen später nun erscheinen derselbe SS-Offizier und ein weiterer Polizeikommissar in seiner Wohnung, um ihn abzuführen. Seiner Frau teilen sie mit, dass er aus „erzieherischen Maßnahmen" einige Tage eingesperrt werden würde, damit er einmal überlegen könne, was er so rede.

Sieben Tage muss Sondheimer in einer engen Einzelzelle verbrin-gen, dann steckt man ihn in eine Zelle, in der schon zwei weitere Mithäftlinge einsitzen. Nach drei weiteren Tagen bringt man ihn dann mit der „Grünen Minna" in ein nördlich von Magdeburg gelege-nes Arbeitshaus. („Dort musste ich abarbeiten, was ich im Gefängnis an Schleimsuppen gegessen hatte.") Er wird zunächst in der Bürstenfabrikation eingesetzt. Einem neben ihm arbeitenden Juden lässt er wissen, dass er „dem Judenvolk zum Dank verpflichtet (sei), weil wir durch es das beste Buch der Welt, die Bibel, und die herrlichste Person, Jesus Christus von Nazareth, geschenkt bekommen hätten". Am darauffolgenden Sonntag lässt man ihn in der Konservenfabrik Stachelbeeren entblüten und entstielen. Am Montag sind endlich die „Erziehungsmaßnahmen" der Gestapo abgeschlossen und Sondheimer wird wieder nach Hause entlassen.

Bis 1950 war Sondheimer in Magdeburg geblieben. Dann gelingt es ihm, mit seiner großen Familie nach Westdeutschland überzusiedeln. Bis 1953 dient er der oberbergischen Baptistengemeinde Derschlag als Prediger. Dann wird der Vollblutevangelist von der Bundesleitung der Evangelisch-Freikirchlichen Gemeinden als Bundesevangelist in die Zeltmission berufen. In diesem Dienst geht Sondheimer bis zu seiner Verabschiedung in den Ruhestand noch einmal ganz auf. Wenn er landauf, landab in großen Missionszelten vor Hunderten Zuhörern Gottes Wort verkündigt (manchmal liegen die Besucherzahlen sogar im vierstelligen Bereich), bekehren sich oft viele Menschen. Und auch Krankenheilungen kommen vor.

Schon früh hatte Friedrich Sondheimer positive Erfahrungen mit dem Gebet für Kranke gemacht. Die ersten beiden Krankenheilungen, die er auf sein Gebet hin erleben durfte, fanden kurz nach seinem Berufungserlebnis statt. Er unterrichtete damals eine Knabenklasse der Sonntagsschule. Dabei hielt er es für seine Pflicht, die Eltern der Sonntagsschulkinder immer wieder einmal zu besuchen. Bei einem solchen Hausbesuch eröffnet ihm eines Tages eine Mutter mit Tränen in den Augen, dass ihre Schwester nach der Entbindung ihres fünften Kindes mit hohem Kindbettfieber daniederliegen würde und die Ärzte sich sehr bedenklich über ihren Zustand geäußert hätten. Daraufhin kniet Sondheimer am Bett der Kranken nieder und bittet Gott still um ihre Heilung. Und tatsächlich: Von der Stunde seines Gebetes an verlässt das hohe Fieber die Kranke. Da sie aber noch sehr schwach ist, fleht einige Tage später Sondheimer Gott an, dass er die kinderreiche Mutter wieder zu Kräften kommen lassen möge. Und wiederum wird sein Gebet erhört.

Etwa um die gleiche Zeit erlebte er erneut eine Gebetserhörung. Eine Frau, die zur Baptistengemeinde gehörte, bat den Gemeindeprediger und den jungen Sondheimer über ihr unter Handauflegung zu beten, da sie an einer offenen Tuberkulose erkrankt war. Als sie nach dem Gebet ihren Arzt aufsucht, stellt der ihre Heilung fest. Weitere Anregungen zum Gebet um Krankenheilung hatte Friedrich

Sondheimer auch am Beispiel seines Vaters erhalten, „der in einigen Fällen durch die Gnade Gottes in Erhörung des Gebets unter Handauflegung Heilung erleben durfte". Es verwundert daher nicht, dass Sondheimer später in seinem Dienst als Prediger und Evangelist gezielt auch für Kranke betete. „Eine besondere Zeit", schreibt er, „brach für mich an im Jahre 1948 durch die wunderbare Heilung meiner ältesten Tochter, die unter Handauflegung plötzlich von einer schweren Lungentuberkulose geheilt worden ist, nachdem sie Jahre vorher von den Ärzten aufgegeben worden war."

Bei seinen Gebeten um Heilung blieb Sondheimer stets nüchtern und im biblischen Rahmen. Für ihn stand eindeutig das Heil des ohne Christus verlorenen Menschen im Vordergrund und nicht seine Heilung von körperlichen Leiden. Dass auch der gläubige Christ nicht von Leiden unterschiedlichster Art verschont bleibt, stand für ihn fest. Daher verfasste er auch eigens eine kleine Broschüre über den „Segen des Leides".(2) Und auch sein eigenes Leben war nicht frei von Leiderfahrungen. So verloren etwa er und seine Frau 1933 ihre kleine Tochter Ruth nach einer kurzen, schweren Erkrankung.

Auch ging Sondheimer ganz offen damit um, dass auf seine Heilungsgebete nicht alle Kranken gesund wurden. So schreibt er in *Erlebnisse mit Gott und Menschen*: „Ich habe einmal zweihundert-fünfundfünfzig Fälle (in denen er über Kranke gebetet hatte; M.H.) überprüft und mir stenographische Notizen dazu gemacht. Alle Fälle, die als geheilt angesprochen werden konnten, habe ich rot unter-strichen, alle Fälle, bei denen eine Besserung eingetreten ist, grün, und alle, bei denen sich nichts ereignet hat, blau, so dass ich schon rein optisch ein Bild der Auswirkungen der Glaubensgebete über Kanken vor mir hatte. Dabei habe ich mich bemüht, von Zeit zu Zeit diese Fälle nachzuprüfen, soweit mir das möglich gewesen ist. Jedenfalls musste ich feststellen, dass mindestens jeder vierte Fall ohne jede Auswirkung geblieben ist. Und ich durfte im Laufe der Jahre vielen Hunderten von Kranken im Namen Jesu dienen. (...) Mich packen nun die Fälle, in denen gar nichts geschieht, viel mehr als die, bei denen der Herr wirklich etwas tut. Aber es ist durchaus nicht immer leicht zu erkennen, warum denn der Herr nicht heilt. Verschiedene Gründe habe ich dabei schon ausfindig gemacht, ohne jedoch alles erklären zu können. Es gibt einen geheimnis-vollen, rätselhaften Rest, so dass ich zu dem Schluss gekommen bin, Gott behalte sich das letzte Wort immer vor und wirke so jeder handwerklichen Tätigkeit entgegen."

Und in seiner kleinen, differenzierten Studie *Heilung Kranker und Besessener* stellt Sondheimer fest: „Gesunde sollten sich (…) nicht pharisäisch über ihre kranken Mitmenschen erheben, sondern demütig Gott danken, dass es ihnen wohlergeht; zweitens kann ein Mensch krank sein, der durchaus mit seinem Gott in Ordnung ist und dem es auch nicht an Glauben gebricht. (…) Ich selbst bin als vierjähriger Knabe nachts um 0.30 Uhr, als ich bei einer schweren Diphterie wegen Sauerstoffmangels schon blau zu werden anfing, durch einen Luftröhrenschnitt gerettet worden, kann also durch meine Narbe am Hals nie vergessen, was ich nächst Gottes Gnade der ärztlichen Kunst zu verdanken habe. Wir müssen uns sehr vor Verallgemeinerungen hüten, denn sonst beurteilen wir vieles falsch und tun Menschen unrecht (Joh. 9, 1-3). Gottes Handeln ist weitaus vielseitiger, als wir es leichthin meinen. (…) Wo der kleine Mensch in Vermessenheit Gott zu befehlen wagt, wird er auf göttlichen Widerstand stoßen. Gott steht gewiss zu seinen Verheißungen, wenn wir die Bedingungen erfüllen, aber nie dürfen wir seine Zusagen in mechanischer Weise verwirklicht sehen wollen. In erster Linie hat er das ewige Heil des Menschen im Auge. Das müssen wir beachten! Manche würden gewiss verlorengehen, wenn sie immer gesund wären! (…) Sehr zu beachten ist Hebr. 11, 32-39, wo von den verschiedenen Glaubenstypen die Rede ist. Von manchen wird gesagt, dass sie die Verheißungen erlangten (V. 33), von den anderen aber (V. 35b), dass sie die Erfüllung der Verheißung nicht erlebt haben (V. 39). Dennoch werden die letzteren ebenso wie die ersteren als Glaubenshelden bezeichnet. (…) Gott kann sich auf die eine wie auf die andere Art verherrlichen. Wir müssen ihm freie Hand lassen, wie er sich bei den Seinen auswirken will."

Zwei Beispiele mögen verdeutlichen, wie unspektakulär Sondheimer mit dem Heilungsgebet umging, zu dem er sich von Gott begabt sah. So heißt es etwa in einem Bericht über eine Zeltarbeit in Berlin-Tempelhof im Juli 1955 u. a.: „Zu den Abendstunden kamen (…) durchschnittlich 540. (…) In 68 Fällen durfte ich über Kranke beten, *in jedem Falle ging eine seelsorgerliche Aussprache voraus.*" (Hervorhebung von mir.) Und über die anschließende Zeltarbeit im August desselben Jahres erfahren wir: „Auch bei Bruder

Sondheimer, der den Dienst in den letzten elf Tagen tat, bekehrten sich fast jeden Abend Menschen. Er hatte über 280 Aussprachen, an manchen Tagen über 40, wo Menschen mit vielen Nöten Leibes und der Seele kamen und Heilung und Heil suchten und fanden. Gott schenkte durch ihn wunderbare Heilungen, die aber nur einmal in einer Zeugnisversammlung erwähnt wurden!"

Kommen wir nun auf ein anderes Gebiet zu sprechen, auf das sich Sondheimer (notgedrungen!) von Gott geführt sah. Es war noch vor seiner Zeit als Prediger gewesen. Sondheimer, der sich – wie oben schon erwähnt – in der Jugendarbeit seiner Heimatgemeinde betätigte, vermisste eines Tages ein junges Mädchen namens Lotte in der Jugendstunde. Man teilt ihm mit, dass sie wieder einen ihrer epileptischen Anfälle bekommen habe. Als er sie daraufhin besuchen geht, führt ihn ihre Mutter in das Zimmer der Kranken. Das Mädchen spricht zunächst „freundlich und anständig" mit ihm. „Plötzlich aber", so Sondheimer, „wurde sie ohnmächtig, sank in die Kissen zurück, und es sprach aus ihr eine andere Stimme. Ich musste gemeine und hässliche Worte hören, (...) Blitzartig kam es mir zum Bewusstsein, hier könne wirklich Dämonie vorliegen. (...) Da kam durch den Heiligen Geist ein Unwille über mich, und ich rief gebietend aus: ‚Du böser Geist, ich gebiete dir im Namen Jesu Christi, dass du augenblicklich aus der Lotte ausfährst und nie mehr in sie zurückkehrst!' Kaum hatte ich das ausgesprochen, da seufzte Lotte tief und tat so, als ob sie etwas ausspucke, schlug ihre Augen auf, richtete sich wieder auf und sprach so freundlich mit mir wie zuvor. (...) Von Stund an hat sie keine sogenannten ‚epileptischen' Anfälle mehr bekommen, weil es eben keine solchen waren(3), (...) Nach etwa dreißig Jahren habe ich mich im Jahre 1950 bei einem vorübergehenden Aufenthalt in meiner Heimatstadt nach Lotte erkundigt, und es wurde mir gesagt, sie habe die ganze Zeit über keinen solchen ‚Anfall' mehr bekommen. Mir aber waren seit jener Zeit die Augen für diese Dinge geöffnet worden. Gott hatte mir in die Wiege meiner Berufung auch den Auftrag gelegt, mich um Kranke zu kümmern und für sie im Glauben zu beten sowie mein Augenmerk auf Fälle von Besessenheit zu richten. Wohl habe ich im Laufe der Jahre manche Korrektur dabei bekommen und war manchmal so weit, dass ich mich mit solchen Dingen gar nicht mehr abgeben wollte, aber hin und wieder traten Fälle von Besessenheit an mich heran, so dass ich mich ihnen auf die Dauer nicht entziehen konnte. Ich habe dann immer herrlichere Erfahrungen machen können."

Allerdings machte Sondheimer solch positive Erfahrungen nicht in jedem Fall. In der Broschüre *Heilung Kranker und Besessener* führt er aus: „Nach dem NT wirken sich die Dämonen recht verschieden aus. (…) Manche Merkmale mögen Ärzte und Psychologen aus somatischen und psychischen Ursachen heraus richtig erklären, keinesfalls aber reichen ihre Erklärungen für alle Fälle aus. (…) Von 1920 bis 1933 waren mir nur vier Fälle von Besessenheit begegnet, dann erst wieder ab 1950 weitere 16 bis 20 Fälle. (…) Nur bei der Hälfte der Fälle trat Heilung ein." Und auch darauf weist Sondheimer hin (in *Erlebnisse mit Gott und Menschen*): „Aus meinen Erfahrungen heraus (…) muss ich warnen, schnell mit dem Wort ‚Besessenheit' zur Stelle zu sein, wie es in manchen Kreisen leider nur zu oft geschieht. Wenn bei Menschen nur einmal gewisse seelische Störungen auftreten, dann reden manche sofort und leichthin von Besessenheit, aber bei vielen solchen Störungen liegen rein organische oder funktionelle Ursachen vor, die gar nichts mit Besessenheit zu tun haben. (…) Zunächst muss immer festgestellt werden, ob es sich um eine Störung rein organischer Art handelt. Das ist stets Aufgabe eines fachkundigen Arztes. Ist kein organischer Befund vorhanden, kann man das seelische Gebiet untersuchen." Über die tatsächliche Besessenheit aber äußert Sondheimer: „Es ist ein schwieriges und gefährliches Gebiet. (…) Es geschehen Dinge dabei, die so außergewöhnlich sind, dass man sie nicht mit den uns bekannten Gesetzen erklären kann."

Friedrich Sondheimer war ein Mann, der die Bibel liebte. Besonders gern las er immer wieder den griechischen Urtext des Neuen Testaments und beschäftigte sich mit ihm. Er plädierte dafür, viele Stellen in der Heiligen Schrift auswendig zu lernen. „Der Heilige Geist", so seine Überzeugung, „wird uns dann auch zur rechten Zeit erinnern können, und wir werden im Laufe unseres ferneren Lebens viel Kraft und Weisheit dadurch haben. Wichtig ist aber, dass wir die Bibel nicht kritisieren, sondern dass wir (…) ihr gehorchen, dann werden wir auch ihre Wahrheit erkennen." Für ihn stand fest, dass „die Worte der Heiligen Schrift keine Knetmasse (sind), die man zurechtkneten kann, wie man will, sie sind kein Schmiedeeisen, das man in eine beliebige Form bringen kann, sie sind auch kein Gummi, den man länger und kürzer dehnen kann, wie man es gerade für nötig hält. Gottes Wort ist ein ewiger Fels."

Als Sondheimer zu Beginn des Zweiten Weltkriegs zum nächtlichen „Bahnschutzdienst" in Magdeburg herangezogen wurde, hatte er in vier Monaten sechsundsechzig Kapitel des Neuen Testaments auswendig gelernt. (Wobei er allerdings einige nur noch einmal repetieren musste, da er sie schon kannte.) Er konnte schließlich das ganze Matthäusevangelium auswendig! („Wenn ich nachts drei Stunden Posten stehen und gehen musste, konnte ich es in zweiunddreiviertel Stunden aufsagen; ich wusste immer genau, wann meine Zeit um war.")

Sondheimer war ein sehr naturverbundener und -kundiger Mensch gewesen. Die Gesetzmäßigkeiten und unendliche Vielfalt, die er in der Schöpfung wahrnahm, überwältigten ihn geradezu und wiesen ihn immer wieder auf Gott, den anbetungswürdigen Schöpfer hin. In dem Büchlein *Mit Jesus Christus* erwähnt er: „Von Jugend an habe ich mich mit Vorliebe mit naturwissenschaftlichen Dingen beschäftigt und habe im Laufe meines Lebens wohl an fünfzig wissenschaftliche Werke gelesen, auch selbst über dreihundert Seiten über Biologie als Ergebnis meiner Studien niedergeschrieben. (…) Als ich einen Sommer hindurch morgens zwischen 6 und 8 Uhr Schmetterlingsflügel mikroskopiert hatte, war ich von der Gesetzmäßigkeit und Schönheit bis ins Kleinste so vom Geiste der Anbetung erfüllt, dass ich stille stand und meinen Hut abnahm, wenn ein Falter an mir vorüberflog."

Als Friedrich Sondheimer im Januar 1965 im Rahmen einer großen Feier in den Ruhestand verabschiedet wurde, urteilte Karl Schütte in seinem Bericht in der baptistischen Zeitschrift „Die Gemeinde": „Alle, die ihn kannten und kennen, waren und sind sich darin einig, dass in Bruder Sondheimer ein Mann dem Herrn und seinem Werk diente, der sich nie selbst schonte, der aber auch die Hörer und die Gemeinden, denen er diente, nicht schonte. Er war kein bequemer Prediger. Er war und ist ein Charakter eigenster und schärfster Prägung, ein Mann, den man nicht kopieren kann, ein Mensch Gottes aber auch, der etwas davon ahnen lässt, welche bezwingende Kraft dem innewohnt, der von seinem Glauben nicht nur redet, sondern ihn in der Totalität auszuleben sucht. Und eins sei als persönliches

Zeugnis des Berichterstatters noch angemerkt: Die Lauterkeit und die Demut, die bei allem Willen zur Beeinflussung in ihm wohnten, gaben dem Umgang mit Bruder Sondheimer Tiefe und Gepräge, aber auch herzliche Wärme."

Im November 1968 bezogen Friedrich und Helene Sondheimer eine Wohnung in der Senioreneinrichtung „Pilgerheim Weltersbach". Nach dem Tod seiner langjährigen Ehegefährtin im Jahr 1978 heiratete er noch einmal und zog nach Hameln. Hier verstarb er am 13. November 1984. Seine letzten beiden Worte waren: „Halleluja, Amen!" Der frühere Baptistenpastor Walter Feldkirch schrieb am Schluss seiner dreiteiligen Artikelserie über das Leben und Wirken von Friedrich Sondheimer: „In Alter und Krankheit erfüllte Gott an ihm, was er selber so schrieb: ‚Wenn wir auch noch manches Mal durch dunkle Täler und tiefe Wasser schreiten müssen, Gott ist in Christo als Licht und Trost, als Beistand und Helfer bei uns und lässt alles zu unserem Besten sich auswirken. Am Ende der Wege Gottes wird es nur noch Anbetung geben.'"

Anmerkungen

(1) Im Übrigen hatte Sondheimer die Angewohnheit, im Herbst und Winter an verschiedenen Orten, in denen er in den Sommermonaten mit dem Missionswagen gewirkt hatte, Nacharbeiten durchzuführen. Er hielt dann vertiefende Evangeliumsvorträge in größeren Sälen oder in den Kapellen der örtlichen Baptistengemeinden. Auf diese Weise entstand etwa in Spremberg in der Lausitz 1932 eine neue Baptistengemeinde. „Zur Pflege des aufblühenden Werkes" beschloss Sondheimer damals seinen Wohnsitz von Cottbus nach Spremberg zu verlegen.

(2) In dieser Schrift gibt Sondheimer u. a. zu bedenken: „Wir müssen alles Geschehen von einer ewigen Warte aus ansehen. (…) Wer das nicht tut, der findet sich nicht zurecht. Das Kleine muss uns klein, und das Große muss uns groß werden. (…) Wenn wir, wie Gott, alles wüssten, hinter jede Weltkulisse schauen und alle Fäden zusammenlaufen sehen könnten, dann würden wir gewiss alles verstehen und die Gerechtigkeit Gottes bewundernd anbeten. (…) Auf keinen Fall dürfen wir uns an die Erde verlieren, sondern müssen unseren Blick der Ewigkeit zuwenden, um die Krone des Lebens zu erlangen. Wie kann Gott aber den Menschen dahin bringen, wenn er ihm alle seine irdischen Wünsche und Pläne erfüllte oder gelingen ließ? Wie selbstsicher und stolz wäre der Mensch dann! (…) Angenommen, Gott ließe es allen Frommen äußerlich sichtbar sehr gut

ergehen, allen Gottlosen aber sehr schlecht, so würden die Menschen durch diese Tatsache zu einer schäbigen Händlergesinnung erzogen werden. (…) Das Leid muss also im Leben der Menschen manches wirken, bei den einen Lösung von der Erde, bei anderen führt es zu einer Prüfung ihrer Echtheit und Treue."

(3) Friedrich Sondheimer hat also keineswegs Epilepsie automatisch mit einer Form von Besessenheit gleichgesetzt!

Literatur- und Quellennachweis

Berichte aus der Zeltarbeit: Zelt V in Berlin-Tempelhof vom 10 bis 31. Juli; Zelt I in Reutlingen vom 1.-16. August. In: Die Gemeinde 19/1955

Feldkirch, Walter: Friedrich Sondheimer, 1898-1984. Teile I-III. Die Gemeinde 43/1985, 44/1985, 45/1985

Müller, Karl-Peter: Nachruf zum Tod von Pastor i. R. Friedrich Sondheimer. Die Gemeinde 2/1985

Schütte, Karl: Friedrich Sondheimer ging in den Ruhestand. Die Gemeinde 7/1965

„So war's 1934 in Berlin. Erinnerungen an den Baptistischen Weltkongress vom 4. bis 10 August 1934". (Interview mit Pastor i. Hörmann, Wilhelm R.. In: Die Gemeinde 33/83

Sondheimer, Friedrich: Der Segen des Leides. Kassel 1957 (2. Aufl.)

Sondheimer, Friedrich: Erlebnisse mit Gott und Menschen. Kassel 1960 (2. Auflage)

Sondheimer, Friedrich: Heilung Kranker und Besessener. Kassel 1960 (2. Aufl.)

Sondheimer, Friedrich: Mit Jesus Christus. Kassel 1963

Corrie ten Boom: „Landstreicherin" Gottes mit großer Liebe zum Volk Israel

Es war in einem überfüllten Gefängnis in Ruanda. Eine ältere Dame aus Holland – ihr Name ist Corrie ten Boom – spricht zu einer großen Menge Gefangener, die vor ihr im Gefängnishof im Schlamm sitzen. Finster und feindselig blicken die Männer die Evangelistin zunächst an. Doch als sie ihnen davon erzählt, dass Jesus auch ihr Freund sein will und ihnen Liebe und Freude ins Herz und die Kraft zum Guten und zur Vergebung schenken möchte, horchen die Männer auf. Und als dann die Frau ihnen auch noch von ihren eigenen Erfahrungen als ehemalige Gefangene in einem KZ erzählt – von all dem Schweren, das sie dort durchgemacht hat, aber auch davon, wie sie Gottes Nähe und Liebe immer wieder erfahren durfte –, da folgen sie geradezu gebannt ihren Worten. Denn da sprach ja eine zu ihnen, die nicht „gut reden hatte", sondern die selbst auch einmal eingesperrt gewesen war und ihre Situation als Gefangene daher nur zu gut verstand! Als Corrie ten Boom am Ende ihres Zeugnisses die Männer einlädt, Jesus in ihr Herz aufzunehmen, da heben viele als Zeichen ihrer Bereitschaft die Hände. „Komm wieder, alte Frau, komm wieder und erzähle uns mehr von Jesus!", rufen sie ihr beim Verlassen des Gefängnisses nach.

Wie aber war Corrie ten Boom während der Nazizeit überhaupt in einem Konzentrationslager gelandet? Und wie war es dazu gekommen, dass sie – eine einfache Uhrmacherin – nach dem Ende des Zweiten Weltkrieges als „Gottes Landstreicherin" einen evangelistischen Reisedienst begann, der sie dann in insgesamt 64 Länder führen sollte? Wobei sie auf Tagungen und Konferenzen, in kleineren Kreisen wie auch auf Großveranstaltungen vor Hunderten und Tausenden von Zuhörern sprach. Und besonders gern eben auch in Gefängnissen…

Eigentlich begann alles mit der Besetzung der Niederlande durch die Deutschen im Zweiten Weltkrieg. Corrie ten Boom lebte damals mit ihrem alten Vater und ihrer wie sie unverheirateten Schwester Betsie in einem schmalen, verwinkelten Haus in der Barteljorisstraat in Haarlem. In der unteren Etage reparierte und verkaufte sie mit ihrem Vater Uhren. Die ten Booms waren dafür bekannt, dass sie sich für

Hilfsbedürftige einsetzten und ihren Glauben an Jesus fröhlich bekannten und authentisch lebten.

Und dann fallen im Mai 1940 die Deutschen in ihr kleines Land ein, das kurz darauf kapituliert. Gestapo und SS-Leute ziehen in die städtischen Amtsstuben ein. Immer mehr Beschränkungen legen die Besatzer den Holländern auf: Ausgangssperre nach 18.00 Uhr, nächtliche Verdunkelungspflicht, Rationierung von Lebensmitteln und Benutzung von Lebensmittelkarten. Die Telefonanschlüsse werden gesperrt, Autos und Fahrräder konfisziert. Doch was noch viel schlimmer ist: Immer wieder werden Razzien durchgeführt bei denen junge, arbeitsfähige Männer festgenommen und zur Zwangsarbeit nach Deutschland geschickt werden.

Noch ärger aber ergeht es der jüdischen Bevölkerung. Aus den öffentlichen Ämtern werden die Juden entlassen. Das eine oder andere jüdische Geschäft wird geplündert. In Parks und Restaurants, in Badeanstalten und Büchereien heißt es: „Juden ist der Zutritt nicht gestattet!" Damit man sie sofort als Juden erkennt, müssen alle den gelben Judenstern tragen. Doch das ist noch längst nicht alles: Zunehmend verschwinden jüdische Frauen, Männer und Kinder von einem Tag auf den anderen. Sie werden in alte Autobusse oder Lastwagen „verladen" und ins grausige Ungewisse verschleppt.

Manch ein junger holländischer Mann taucht unter, um nicht für den Feind arbeiten zu müssen. Und natürlich gibt es auch Juden, die in ihrer Verzweiflung versuchen, sich irgendwo zu verstecken. Die ten Booms sind bereit, sich der Not dieser Menschen nicht zu verschließen. „Wir hatten unsere Rettungsarbeit", so meinte Corrie ten Boom später, „nicht geplant. Menschen kamen zu uns und sagten, die Gestapo sei hinter ihnen her, und wir nahmen sie auf. Andere folgten." Vor allem Corrie wird bei ihrem Organisationstalent, ihrem Wagemut und ihrer Kreativität immer mehr in die Untergrundarbeit hineingezogen. Um sie und ihre ältere Schwester sammelt sich ein Kreis von zumeist jüngeren Leuten, der – vernetzt mit der holländischen Untergrundbewegung – versucht, auf unterschiedliche Art und Weise den Bedrängten beizustehen. Da gilt es etwa Lebensmittelkarten und Reisescheine zu besorgen oder den Transport von Juden in eine sichere Unterkunft zu organisieren. Doch einige

Untergetauchte sind nicht nur auf „Durchreise" in dem Beje, wie das Haus in der Barteljorisstraat genannt wird. Sie halten sich für längere Zeit bei den ten Booms versteckt. Damit bei einer Hausdurchsuchung die Untergetauchten schnell verschwinden können, wird in Corries Schlafzimmer eine Zwischenwand gezogen. So entsteht ein schmaler „unsichtbarer" Raum, in den man durch eine verborgen angebrachte und von innen verschließbare Luke im Notfall verschwinden kann.

Da stürmt am 28. Februar 1944 die Gestapo das Haus. Durch einen holländischen Spitzel hat sie erfahren, dass hier ganz offensichtlich im Untergrund gearbeitet und Juden geholfen wird. Im Haus sind zu dem Zeitpunkt auch Corries Bruder Willem, der eine Bibelstunde abhalten will, und Corries Schwester Nollie anwesend sowie etliche Freunde der Familie und einige arglose Kunden, aber auch Mitglieder der Untergrundbewegung. Sie alle werden verhaftet und auf die Polizeistation gebracht. Obwohl die Gestapo-Männer jeden Raum auf den Kopf stellen, finden sie doch nicht den Geheimraum, in den die sechs „Dauergäste" der Familie – vier Juden und zwei untergetauchte Holländer – sich gerade noch rechtzeitig verstecken konnten.

Am nächsten Tag werden die Verhafteten ins Gefängnis nach Scheveningen gebracht. Hier, im Hauptquartier der Gestapo, werden sie nun inhaftiert und verhört. Corries 84-jähriger Vater stirbt bereits nach zehn Tagen Haft. Seine Tochter Nollie und sein Sohn Willem werden entlassen. Corrie und Betsie ten Boom hingegen bringt man nach über dreimonatiger Haftzeit in ein Arbeitslager in Vught. Nach einigen Wochen werden sie mit vielen anderen Gefangenen dann im Güterzug über die Grenze nach Deutschland gebracht, wo sie schließlich im nördlich von Berlin gelegenen KZ Ravensbrück „ausgeladen" werden. Der mehrtägige Transport stellte für die beiden ten Boom-Schwestern – Corrie ist inzwischen 52 Jahre alt und Betsie bald 60 – eine Tortur sondergleichen dar. Drei Tage und Nächte müssen sie mit vielen anderen Frauen zusammengepfercht im Frachtwaggon durchhalten. Die Luft reicht kaum zum Atmen und ist extrem heiß und stickig. Es gibt so gut wie nichts zu trinken und nur wenig trockenes Brot zu essen. Und ein WC ist auch nicht vorgesehen. Bei ihrer Ankunft im Lager können sich die Frauen nur noch stolpernd und taumelnd fortbewegen.

Ravensbrück gilt als größtes Frauen-Konzentrationslager auf deutschem Boden. Nicht wenige der dort eigelieferten Frauen und Kinder sind an Entkräftung gestorben oder ermordet worden. Die elfstündige Arbeit am Tag ist hart. Dazu kommen die schikanösen Appelle im Morgengrauen und in der Abenddämmerung, bei denen man in eisiger Kälte unnötig lange stehen muss. Dabei sind die inhaftierten Frauen – sie werden vom Lagerpersonal nur mit ihren Nummern angeredet bzw. angeschrien – unterernährt und viel zu leicht bekleidet. In den überfüllten Schlafbaracken müssen sich gleich mehrere von ihnen eine verdreckte Schlafstatt voller Läuse und Flöhe teilen. Und auch die sanitären Verhältnisse sind menschenunwürdig. Schlimm sind aber auch die „grauenerregenden Geräusche, die man hört: das Schreien der Geschlagenen, das Geräusch der schwingenden Riemen, das Kreischen und heisere Schreien und Schnauzen der bösen Menschen. Alles das macht Ravensbrück zur Hölle"(C. ten Boom).

Corrie hat eine kleine Bibel ins KZ schmuggeln können. Daraus liest sie anderen Gefangenen in den „Bibelstunden" vor, die sie gemeinsam mit ihrer Schwester Betsie heimlich im hinteren Teil des Schlafsaals durchführt. So können die beiden vielen Leidensgenossen den Weg zu Christus weisen und ihnen aus Gottes Wort Trost und Zuversicht vermitteln, die sie ja selbst auch immer wieder so nötig haben.

Gegen Ende des Jahres 1944 wird Betsie immer schwächer und kränker. Eines der letzten Worte, die sie ihrer Schwester mit letzter Kraft zuflüstert, ist: „Wir müssen den Menschen sagen, was wir hier gelernt haben. Müssen ihnen sagen, dass kein Abgrund so tief ist, dass Er einen nicht herausholen könnte. Sie werden auf uns hören, Corrie, weil wir hier gewesen sind." Und dann teilt sie ihrer Schwester noch mit, dass sie am 1. Januar nicht mehr im KZ sein werden. Nur wenig später stirbt Betsie. Durch den Tod hat Gott sie aus ihrem irdischen Gefängnis befreit. Ihre Schwester Corrie aber wird tatsächlich ganz überraschend zum Jahreswechsel aus dem Lager entlassen. Nur eine Woche später werden im KZ alle Frauen ihres Alters getötet...

Wieder in ihre Heimat zurückgekehrt und selber noch kaum von den Strapazen und dem Trauma der Lagerzeit erholt, nimmt Corrie ten Boom bereits geistesschwache Kinder in ihrem verwaisten Haus in der Barteljorisstraat auf. Draußen dürfen sich ihre Schützlinge nicht sehen lassen. Denn noch sind die Deutschen im Land, und die Geistesschwachen werden von den Nazis als „lebensunwert" angesehen. Gleich nach dem Krieg mietet Corrie ten Boom dann mit Hilfe eines Freundeskreises ein freundliches, geräumiges Haus in einem parkähnlichen Gelände im Haarlemer Vorort Bloemendaal. In ihm werden traumatisierte Überlebende aus Gefängnissen oder Lagern liebevoll betreut.

Corrie ten Boom selbst aber will jede Gelegenheit wahrnehmen, Menschen für Christus zu gewinnen und ihnen zeugnishaft zu erzählen, was sie selbst erfahren hat: Gottes Liebe ist stärker als das Dunkle und Böse in der Welt. Wir dürfen mit unserer Schuld zu Jesus kommen und sollen selber auch anderen ihre Schuld vergeben. Unermüdlich reist sie mit ihrer Botschaft durch Holland und spricht auf vielen Veranstaltungen. 1948 geht es sogar in die USA und nach Kanada. Damit beginnt ihr weltweiter Reisedienst. Immer wieder kommt sie auch nach Deutschland – in das Land, in dem sie so viel Leid erfahren hat. Als einmal nach einer Veranstaltung in Berlin ein ehemaliger Aufseher aus dem Ravensbrücker KZ sie aufsucht und um Vergebung für sein Tun bittet, da wird ihre eigene Vergebungsbereitschaft noch einmal auf die Probe gestellt. Doch sie darf erfahren, dass dann, wenn sie ihren Widerstand zu vergeben aufgibt, sie mit der Liebe Gottes erfüllt wird.

Und auch nach Israel reist sie. In Israel werden christliche Missionare eigentlich nicht so gerne gesehen. Doch Corrie ten Boom fand auch hier offene Türen, da sie in diesem Land zu den sogenannten „Gerechten" gezählt wird: Nichtjuden, die sich während der Nazizeit für verfolgte Juden eingesetzt und dabei ihr eigenes Leben aufs Spiel gesetzt haben. Offen bezeugte Corrie ten Boom ihren israelischen Zuhörern Jesus als den Messias und Sohn Gottes und berichtete von der Freude und Liebe, die er ihr geschenkt habe. In einem Interview mit der Jerusalem-Post nannte sie drei Gründe, warum sie die Juden möge: „Erstens bin ich für zwei Segnungen dankbar, die ich durch sie in meinem Leben habe: ein Buch voller guter Nachrichten – die Thora, das Alte Testament – und die

Erfüllung der Thora – das Neue Testament, (...) Zweitens ist mein bester Freund und mein Retter (...) auch ein Jude. Drittens haben meine Familie und ich unser Leben für Juden riskiert. Drei von ihnen starben für sie, und ich musste viel erleiden und verlor fast mein Leben für Ihr Volk. Diese Erfahrungen lassen Liebe in einem wachsen. Die Liebe zu den Juden liegt mir im Blut, seit mein Großvater für den Frieden in Jerusalem gebetet hat."

Corrie ten Boom lebte in einer unmittelbaren Glaubensbeziehung zu ihrem auferstandenen Herrn, mit dessen Gegenwart und Wirken sie ganz real rechnete. Dabei durfte sie viele wunderbare Führungen erleben. Einmal stand sie vor einer Reise in der Sowjetunion mit einem Koffer voll Bibeln vor dem Zoll. Sie in das kommunistische Land mitzunehmen, war damals streng verboten. Im Stillen bittet sie daher Gott, dass er – wie er es im Buch Jeremia verheißt – über sein Wort „wachen" möge, damit sie die Bibeln den Gläubigen in Russland aushändigen könne. „Als ich damals", schreibt sie, „betete und meine Augen wieder öffnete, sah ich rund um meinen Koffer Lichtwesen. Engel! Es war das erste und einzige Mal in meinem Leben, dass ich sie sah, obwohl ich es oft erlebt habe, dass sie gegenwärtig waren. Aber jetzt sah ich sie, einen Augenblick lang, und dann waren sie weg. Und mit ihnen war auch meine Furcht verschwunden." Was dann folgt, ist wahrhaft ungewöhnlich: Der Zollbeamte hebt den schweren Koffer auf den Tisch, öffnet ihn aber nicht. Stattdessen meint er zu der alten Dame: „Sie sind die Letzte. Nun habe ich Zeit und kann Ihnen helfen. Kommen Sie mit, ich bringe Sie zu Ihrem Taxi."

Corrie ten Boom verkündete einfach und anschaulich. Nicht selten hielt sie vor ihren Zuhörern eine Stickerei hoch, die eine wunderschön gestaltete Krone zeigte. Dann jedoch wendete sie das Tuch und man sah nur noch wirr durcheinanderlaufende, geknotete Fadenenden auf der Rückseite. Die Botschaft dieser Illustration war: In der Ewigkeit werden wir einmal die rechte Seite sehen und dann im Licht erkennen, wozu uns die schweren, unverständlichen Wegführungen dienen mussten.

Fast schon legendär waren auch ten Booms „Lumpenpredigten". Um zu verdeutlichen, dass es unsere unbereinigten „großen" und „kleinen" Sünden sind, die uns davon abhalten, ein frohes, geisterfülltes Leben in der Nachfolge Christi zu führen, hielt sie eine Taschenlampe hoch, deren Licht jedoch nicht anging. Doch die Ursache des Nicht-Leuchtens ist schnell gefunden. Zwischen der ersten und zweiten Batterie stecken noch verschiedene Stofffetzen! Corrie ten Boom zieht einen nach dem anderen heraus und benennt jeden beispielhaft mit einer Lieblingssünde, wie etwa Geiz, Neid und Stolz, Lieblosigkeit oder Kritiksucht. Erst wenn wir diese Sünden, so ihre Schlussfolgerung, Gott bekennen und sie ihm bringen, kann Gottes Geist – die zweite Batterie – so recht durch uns scheinen und uns positiv verändern.

Viele Menschen erreichte Corrie ten Boom aber auch durch ihre Bücher. In ihnen berichtete sie über ihre Erlebnisse, die sie mit Gott während der Nazizeit und später auf ihren vielen Reisen gemacht hatte. Als sie 1983 starb, betrug allein die Gesamtauflage ihrer deutschen Bücher über 600.000 Exemplare! Und auch die eindrucksvolle Verfilmung ihres Bestellers *Die Zuflucht* wurde ein großer Erfolg.

Anhang:

Casper ten Boom – ein außergewöhnlicher „Mann Gottes" und Judenfreund

Die Liebe zu Jesus Christus und zum Volk der Juden hat bei den ten Booms gewissermaßen eine generationsübergreifende Tradition. Daher soll zunächst von Corrie ten Booms Großvater Willem ten Boom (1816-1891) berichtet werden. Dieser eröffnet als noch junger Mann 1837 ein kleines Uhrengeschäft in der Haarlemer Barteljorisstraat. Er wurde Ältester einer reformierten Gemeinde in Haarlem und war ein Freund und Förderer der Äußeren Mission.

Dass dieser überzeugte Christ für „Gottes altes Volk" eine besondere Liebe empfindet, ist schon bald in Haarlem allgemein bekannt. 1844 gründet er eigens einen wöchentlichen Gebetskreis, in dem für das Heil der Juden und den Frieden Jerusalems gebetet wird. Später wird seine Enkelin Corrie ten Boom schreiben: „Gott erhörte diese Gebete im alten Haus in der Barteljorisstraat auf eine göttliche und uns unbegreifliche Weise: Hundert Jahre später machte er das Haus mit seinen verwinkelten Räumen zu einer Zufluchtsstätte zumindest für einige Angehörige seines Volkes – und uns, die ten Booms selbst, ließ er etwas teilhaben an jenen Leiden, die über sein Volk gekommen waren."

Dass In seinem Wohnzimmer ein Porträt des berühmten jüdischen Rechts-anwalts und Poeten Isaac da Costa hängt, ist für Willem ten Boom bezeich-nend. Denn er verehrt diesen leidenschaftlichen Christusbekenner sehr und steht mit ihm in engem Kontakt. Isaac da Costa spricht sich deutlich gegen die liberale Theologie, die auch in Holland immer mehr Einfluss gewann, und den Vernunftglauben seiner Epoche aus. Was ganz im Sinne Willem ten Booms war.

Dem Einfluss da Costas ist es wohl auch zu verdanken, dass der fromme Uhrmacher in Haarlem eine „Gesellschaft für Israel" gründete. Er war davon überzeugt, dass nach den Prophezeiungen der Bibel, Gott sein Volk nicht nur „unter alle Völker zerstreuen", sondern es auch wieder „aus allen Völkern sammeln" würde (siehe 5. Mo 28,64f u. 30,3).

Das Leben dieses tiefgläubigen Mannes war nicht immer leicht gewesen. So starben von den 13 Kindern, die ihm seine erste Ehefrau Geertruide schenkte, bereits acht im frühen Alter. Auch gab es verschiedentlich finanzielle Probleme. Dennoch bekannte er unmittelbar nach dem Tod eines seiner Kinder in einem Brief einmal: „Gott gab uns Kraft in all diesem Geschehen. (…) Er ist der unbewegliche Felsen in all unserer Not. Ich kann weiter nichts sagen, da ich sicher bin, dass er das Geschehen zugelassen hat. (...) Sein Handeln ist immer weise und liebevoll, majestätisch und ehrenhaft. Dieses Wissen macht mich stark."

Nachdem Willems erste Frau Geertruide gestorben war, heiratete er ein zweites Mal. Ihr erstes Kind, das sie gebar, war Casper. Dieser erlernte bei seinem Vater das Handwerk eines Uhrmachers. Schon bald nach seiner Lehre und seiner bewussten Hinwendung zu Christus zieht der Sohn nach Amsterdam, wo er im jüdischen Stadtteil ein kleines Juweliergeschäft eröffnet.

Casper ten Boom (1859-1944), der später oft äußerte, er habe „die Sympathie für die Juden sozusagen schon mit der Muttermilch eingesogen", fand schnell guten Kontakt zu seinen jüdischen Nachbarn. Wie Corrie ten Boom berichtet, nahm er „mit Freuden am Sabbat und an anderen Festen teil, studierte mit ihnen (...) das Alte Testament, aber er tat es im Lichte des Neuen Testaments, der Erfüllung des Alten." Auch begann er mit Freunden aus einer CVJM-Gruppe eine Arbeit unter den Bedürftigen der Stadt. 1884 verheiratete er sich mit Cor Luitingh, die wie er in einer Sonntagsschule mitarbeitete.

Später übernahm Casper ten Boom das elterliche Uhrengeschäft in Haarlem. Gemeinsam mit ihren vier Kindern (Willem, Betsie, Nollie und Corrie) sowie einer verwitweten und zwei ledigen Schwestern Cors lebten die ten Booms nun in dem schmalen Haus in der Barteljorisstraat 19. In dem Haus geht es fröhlich zu. Es wird viel miteinander musiziert und kommuniziert. Bei allen und allem aber steht der Glaube im Mittelpunkt. Auch ist das Haus wegen seiner Gastfreundlichkeit bekannt. Seine Tür steht jedem offen. Auch Bettlern von der Straße. Sie wissen: bei den ten Booms gibt es für sie immer einen Teller warmer Suppe.

Casper ten Boom ist eine allseits geachtete Persönlichkeit. Das liegt nicht nur daran, dass er ein ausgewiesener Fachmann für Uhren und komplizierte Uhrreparaturen ist und Vorstandsämter bei der Internationalen Uhrmachervereinigung „Union Horlogère" und anderen Gesellschaften bekleidet. Nein, die allgemeine Wertschätzung, die man ihm entgegenbringt, rührt nicht zuletzt von seiner charakterlichen Integrität, seiner Güte und Warmherzigkeit und seinem überzeugend gelebten und freimütig bekannten christlichen Glauben her. Daher nennt man ihn in seinem fortgeschrittenen Alter in der Stadt auch „Haarlems guter alter Mann".

Reiche, angesehene Bürger bis hin zum Bürgermeister schätzen und lieben ihn genauso wie einfache Handwerker und Dienstboten oder kleine Kinder. Ihnen allen bringt er die gleiche Wertschätzung entgegen und hat für jeden von ihnen ein offenes Ohr. Und so halten sich oft Menschen in seiner kleinen Werkstatt bei ihm auf, sehen ihm bei seiner Arbeit zu und berichten ihm von ihren Fragen und Nöten. Denn sie fühlen sich wohl in seiner Nähe. Und sie wissen: dieser fromme, freundliche Uhrmacher kann nicht nur gut zuhören und raten, er findet auch immer ein passendes Bibelwort für ihre Situation und versteht zu beten.

Dass Casper ten Boom tatsächlich über viel Weisheit verfügte, diese Erfahrung machte seine jüngste Tochter Corrie schon als Kind. Einmal machte sie sich große Sorgen, was wohl wäre, wenn ihre geliebten Eltern, ohne die sie meint nicht leben zu können, nicht mehr da wären. Sie teilt ihre Angst dem Vater mit. Da legt der seine Hand auf ihren Kopf und stellt ihr die Frage. „Wenn du eine Reise nach einer andern Stadt machen musst, wann gebe ich dir dann das Geld für die Bahnfahrt?" „An dem Tag, an dem ich fahren muss", ist ihre Antwort. Worauf ihr Vater bestätigt: „Ja, natürlich, und siehst du, so gibt dir dein weiser himmlischer Vater, der dich lieb hat, die besonderen Kräfte seiner Gnade auch nicht eher, als du sie brauchst. Wenn einmal die Zeit kommt, dass jemand von uns sterben muss, dann wird Gott dir die Kraft geben, ohne uns zurückzubleiben. Aber jetzt brauchst du noch nicht daran zu denken."

Als sie eines Tages von einem Mann liest, „dessen Gesicht von der Ausschweifung gezeichnet war", fragt sie ihren Vater nach der Bedeutung des ihr unbekannten Wortes „Ausschweifung". In einer Zeit, in der die Kinder noch nicht in sexuellen Dingen aufgeklärt wurden, antwortete Casper ten Boom dem Mädchen: „Erinnerst du dich an das, was ich dir einmal erzählt habe, nämlich was ich tun würde, wenn ich eine schwere Last zu tragen hätte? Ein Vater wird seine kleine Tochter nicht mit solch schwerer Last beladen. Ausschweifung ist eine Sache im Leben, die sehr schlimm ist, aber es ist nicht nötig, dass du dir als ein kleines Mädchen darüber Kummer machst." Und Corrie war's zufrieden. Später sollte ihr diese Antwort eine Hilfe in Anfechtungen ihres Glaubens sein: „Wie oft hatte ich später in meinem Leben Probleme, die mich bedrängten, mit meinem himmlischen Vater besprochen, und auch er antwortete: ‚Das wirst du später erfahren.' Was bedeutet das für eine innere Ruhe, all die ‚Warum', die ‚Ja, aber', die ‚Wenn nur' Gottes liebenden Vaterhänden überlassen zu können! Ich lernte es als Kind und bin dankbar dafür."

Casper ten Boom hatte zwar gehofft, dass sein einziger Sohn Willem ebenfalls Uhrmacher werden und einmal das väterliche Geschäft übernehmen würde. Dennoch akzeptierte er voll und ganz dessen Entschluss, Geistlicher zu werden und ließ ihn auf der Universität in Leiden studieren. Als sein Sohn in der Anfangszeit seines Dienstes als Pastor einer Landgemeinde in eine geistliche Krise gerät, schreibt er ihm: „In Deinen Briefen erkenne ich einen Unterton von Zweifel, ob die Bibel wirklich und wahrhaftig Gottes Wort ist. Nun kannst Du sicher sein, lieber Willem, dass

Kritik an der Bibel den Tod bringt, wo sie auch immer auftaucht. (...) Der Grund unserer Hoffnung liegt nicht in der Erkenntnis des Menschen, sondern in der Glaubwürdigkeit Gottes. Die Wissenschaft (...) hat unzweifelhaft ihren Wert, aber die Worte ,denn unser Erkennen ist Stückwerk' gelten immer noch und besonders auf diesem Gebiet. Eines Tages im Himmel werden wir vollkommene Einsichten und Erkenntnisse haben, aber hier auf dieser Welt müssen wir manche Dinge annehmen, ohne sie vollkommen zu verstehen."

Später erhielt Willem eine Pfarrstelle in dem kleinen Ort Zuylen in der Nähe von Utrecht. Als eine christliche Gesellschaft einen Wettbewerb ausschreibt, bei dem es um eine Studie über den Antisemitismus in Europa geht, ist er Feuer und Flamme und betreibt neben seinem Pfarrdienst entsprechende Studien an der Utrechter Universität. Seine Frau lässt er wissen: „Das Thema Antisemitismus hat mich von Anfang an gefesselt. (...) Ich kann mich nicht mehr davon lösen." Und er ahnt: „Der Antisemitismus hat Rückwirkungen, die sich auf die gesamte Welt erstrecken werden." Er predigt nun nicht nur immer öfter über Antisemitismus und die Verantwortung der Christen für die Juden sowie über die organische Einheit des Alten und Neuen Testaments, sondern veröffentlicht auch zu der Thematik verschiedene Schriften. Da ist es irgendwie kein Wunder, dass eines Tages die „Holländische Gesellschaft für Israel" an ihn herantritt und ihn bittet, in ihrem Auftrag als Missionar unter den Juden in Amsterdam zu arbeiten. Während Willem sich noch mit der Frage auseinandersetzt, ob er dem Ruf folgen soll oder nicht, gibt ihm sein Vater als „bemerkenswerte Fakten" zu bedenken: „Mein Vater, ein großer Bewunderer von da Costa, war ein Leben lang Mitglied der ,Holländischen Gesellschaft für Israel'. Solange ich mich erinnern kann, hing ein Porträt da Costas in unserem Wohnzimmer. Eine große Zahl von Leuten, die sich um Israel bemühten, ist durch unser Haus gegangen. Als ich noch auf der Rapenburg in Amsterdam lebte, sprach ich oft zu den Juden dort über den Messias." Besonders bedeutungsvoll aber erscheint Caspar ten Boom die Tatsache, dass sein Sohn „so viele Jahre hindurch eine große Liebe zur hebräischen Sprache gehabt" habe, und dass er „jetzt, als Reaktion auf die heutige antisemitische Welle, eine besondere Liebe zu Gottes auserwähltem Volk in sich entdeckt".

Wenig später tritt Willem ten Boom in den Dienst der „Holländischen Gesellschaft für Israel". Auf ihren Wunsch hin nimmt er zunächst noch – als weitere Vorbereitung für seine neue Arbeit – ein einjähriges Studium an dem Jüdischen Institut in Leipzig auf. Die Erkenntnisse, die er 1925/26 in Deutschland gewinnt, bestärken ihn in seinen schlimmen Vorahnungen: „Ich rechne damit", schreibt er seiner Frau, „dass es in ein paar Jahren schlimmere Pogrome denn je geben wird. Zahllose Juden aus dem Osten werden über die Grenze kommen, um in unserem Land eine Zuflucht zu suchen. Wir sollten dafür vorbereitet sein."

In Holland zurückgekehrt, veröffentlicht Willem ten Boom nun weitere Schriften zum Alten Testament und dem Antisemitismus. Mehrmals in der Woche hält er sich auf dem Amsterdamer Marktplatz auf, um mit den Juden dort in Kontakt zu kommen, ihnen biblische Schriften anzubieten und den Messias zu bezeugen. Nach Aussage seiner Schwester Corrie wurde ihm allerdings „in späteren Jahren immer mehr bewusst, dass das Zeugnis den Juden gegenüber ganz anders aussehen musste, als die Verkündigung des Evangeliums vor den Heiden. War Israel nicht Gottes erste Liebe? Und seine Gaben und seine Berufung können ihn nicht gereuen! Willem verstand jetzt, dass Gottes Plan mit den Juden nicht darin besteht, dass sie ihr Judentum aufgeben sollen. Durch das persönliche Erkennen Jesu als seinen Messias wird ein Jude vielmehr ein echter Sohn Israels und erfährt damit schon die Erfüllung der göttlichen Verheißung. Er wird ein Vorbild dessen, was eines Tages das ganze Israel als Nation erleben wird. Das war schon immer Vaters Sicht der Dinge gewesen. Willem übernahm dieses Erbe. (…) Er hatte erkannt, dass es den Christen zukam, sich Israel in einer Haltung tiefer Demut zu nähern, dass sie auf Israel hören mussten und von Gottes Handeln mit seinem Volk lernen konnten. Außerdem gewann er die Überzeugung, dass das evangelistische Zeugnis an Israel Aufgabe der gesamten Kirche sei und nicht auf eine besondere Gesellschaft beschränkt bleiben sollte." Sein eigenes großes Haus in Hilversum ergänzte Willem ten Boom mit einem weiteren Gebäude und ließ es so einrichten, dass man dort alte, pflegebedürftige Menschen aufnehmen konnte. Zugleich dienten die Häuser aber auch als Zufluchtsstätte für aus Deutschland geflohene oder in Holland untergetauchte jüdische Menschen.

Als während des Zweiten Weltkriegs die Deutschen die Niederlande besetzen, müssen auch hier die Juden um ihr Leben fürchten. Zunächst werden sie „nur" schikaniert und drangsaliert und gezwungen, in der Öffentlichkeit den gelben Judenstern zu tragen. Als Casper ten Boom, der mit seine weißen Haaren und seinem Vollbart selber einem alten israelischen Patriarchen ähnelt, zum ersten Mal Juden mit diesem sie stigmatisierenden, ausgrenzenden Symbol trifft, bittet er seine Tochter, ihm auch einen solchen Judenstern zu besorgen. Was diese natürlich nicht tat. Aber ihr Vater zog nun ganz bewusst jedes Mal seinen Hut, wenn er einem Juden mit gelbem Stern begegnete.

Und dann werden immer mehr Juden deportiert. Als Casper ten Boom einmal mit ansehen muss, wie gerade eine Gruppe jüdischer Menschen von deutschen Soldaten in einen Autobus gesteckt werden, meint er bewegt und voll Traurigkeit zu Corrie: „Ich zittere, wenn ich daran denke, was für ein Gericht einmal über Deutschland kommen wird; die Deutschen haben den Augapfel Gottes angetastet."

Der alte Uhrmacher lebt inzwischen allein mit seinen beiden unverheirateten Töchtern Betsie und Corrie in dem Haus in der Barteljorisstraat. Eine Zeit lang hatten die Drei kranke und schwache Menschen bei sich aufgenommen und später Missionarskinder, deren Eltern in fernen Missionsgebieten ihren Dienst taten. Jetzt steht es für sie fest, dass sie sich um verfolgte, untergetauchte Juden kümmern und ihnen beistehen müssen. Wie ihr Bruder Willem beginnt auch Corrie ten Boom zu diesem Zweck eine Untergrundarbeit. Und nicht nur das. Die ten Booms lassen selber auch heimlich Juden bei sich wohnen. „In diesem Hause", so Casper ten Booms' Einstellung, „ist Gottes Volk immer willkommen." Wenn andere meinten, den frommen alten Mann warnend darauf hinweisen zu müssen, dass er bei dem Tun ins Gefängnis kommen könnte, war seine Antwort: „Wenn es so kommen sollte, wird es mir zur Ehre gereichen, mein Leben für das Volk Gottes hinzugeben." Und auch Willem ten Boom und seine Frau nehmen viele untergetauchte Juden in ihrem Pflegeheim auf.

Ende Februar dringt die Gestapo in das Haus in der Barteljorisstraat ein und verhaftet alle Personen, die sie dort antrifft. Darunter sind auch Casper ten Booms Sohn Willem und seine Tochter Nollie sowie sein 20-jähriger Enkel Peter. Die aufgenommenen Juden jedoch konnten sich gerade noch rechtzeitig in ein Geheimversteck flüchten.

Die Verhafteten kommen zunächst auf das örtliche Polizeirevier. Einer der diensthabenden Polizisten hat später Corrie ten Boom erzählt, dass er nie habe vergessen können, wie in jener Nacht ihr alter Vater gebetet und dann den neben ihm auf dem Fußboden der Polizeistation Hockenden den 91. Psalm vorgelesen habe.

Am nächsten Tag wurde die Gruppe ins Gefängnis nach Schevedingen gebracht. Bis zuletzt hielt Casper ten Boom daran fest: „Wenn ich morgen befreit werde, fahre ich übermorgen damit fort, Juden und allen denen, die kein Obdach haben, zu helfen." Zehn Tage nach seiner Verhaftung ist er im Alter von 84 Jahren gestorben. Seine Töchter Corrie und Betsie kamen später in das berüchtigte Konzentrationslager Ravensbrück, das nur Corrie ten Boom überleben sollte. Ihr Bruder Willem starb 1946 an den Folgen einer Gelbsuchterkrankung, die er sich bei seinem Aufenthalt im Scheveninger Gefängnis durch Ansteckung zugestoßen hatte.

Literatur- und Quellennachweis

Boom, Corrie ten: Denn du bist bei mir. Wuppertal 1997

Boom, Corrie ten: Dennoch. Wuppertal 1996 (23. Aufl.)

Boom, Corrie ten/Sherrill, J. u. E.: Die Zuflucht. Corrie ten Boom erzählt aus ihrem Leben. Wuppertal 1997 (18. Aufl.)

Boom, Corrie ten: In Ihm geborgen. Meine Lebensgeschichte. Wuppertal 1992

Boom, Corrie ten: Jesus ist Sieger/Besiegte Feinde. Wuppertal 1997 (10. Erw. Aufl.)

Boom, Corrie ten: Ein Mann Gottes. Vater ten Boom. Wuppertal 1997

Boom, Corrie ten: Kleines Haus mit offenen Türen. Wuppertal 1996 (5. Aufl.)

Boom, Corrie ten: Mit Gott durch dick und dünne. Wuppertal 1996 (12. Aufl.)

Boom, Corrie ten: Viele Fragen – nur eine Antwort! Aus den ersten Jahren meiner Wanderschaft. Wuppertal 1997 (13. Überarb. Aufl.)

Carlson, Carole: Corrie ten Boom. Gottes fröhliche Dienerin. Die Biographie. Holzgerlingen 1999

Kemner, Heinrich: Begegnungen mit Corrie ten Boom. In: Erweckliche Stimme 2/1983, S. 4f

Kemner, Heinrich: Corrie ten Boom ist heimgegangen. In: Erweckliche Stimme 5/1983

Kemner, Heinrich: Von Gott geprägt. Neuhausen 1984, S. 40-45

Shaw, Sue: Corrie ten Boom. Glaube in schwerer Zeit. Neuhausen 1994

Weltreisende im Auftrag Gottes. Interview in Die Gemeinde 15/1970, S. 7f

Wetter, Elisabeth: Das fröhliche Halleluja klingt nach. Zum Tod der holländischen Evangelistin Corrie ten Boom. In: Die Gemeinde 20/1983, S. 6

Wetter, Elisabeth: Gott macht keine Fehler. Das Leben von Corrie ten Boom. Wuppertal 1997

Zum Autor

Matthias Hilbert ist Lehrer i. R. mit Vokation in Evangelischer Religion. Er wohnt in Gladbeck und ist selber Pastorensohn.

Folgende Bücher sind bisher von ihm erschienen: „Hermann Hesse und sein Elternhaus – Zwischen Rebellion und Liebe", „Fromme Eltern – unfromme Kinder? Lebensgeschichten großer Zweifler", „Unvergessene Pastoren und Evangelisten. Sechs Lebensbilder"; „Ostfrieslands leidenschaftliche Pastoren" sowie „Außergewöhnliche Glaubensboten in Ostfriesland". Außerdem ist er Verfasser zahlreicher Artikel in verschiedenen Zeitungen und Zeitschriften.

Weitere Bücher von Matthias Hilbert

Gottsucher. Dichter-Bekehrungen im 19. und 20. Jahrhundert

Zwölf Dichterporträts: K. G. Chesterton – Alfred Döblin – Fjordor M. Dostojewski – Graham Greene – Heinrich Heine – Karl Jakob Hirsch – Sören Kierkegaard – C. S. Lewis – Alexander Solschenizyn – Leo N. Tolstoi – Franz Werfel – Carl Zuckmayer
(Steinmann Verlag: ISBN: 978-3927043787)

Gottfinder. Dichter-Bekehrungen durch die Jahrtausende

Vierzehn Dichterporträts: Augustinus – Paul Claudel – T. S. Eliot – Manfred Hausmann – Jung-Stilling – Francois Mauriac – Karl May – Pascal – Dorothy Sayers – Reinhold Schneider – Rudolf Alexander Schröder – Sigrid Undset sowie dem Special: Georges Bernanos und die große Zeit der Renouveau catholique (Steinmann Verlag. ISBN: 978-3927043831)

Unvergessene Wuppertaler und oberbergische Glaubensboten

Zwölf Pastorenporträts: Carl Brockhaus – Alfred Christlieb – Jakob Gerhard Engels – Hanna Faust – Otto Funcke – Hermann Heinrich Grafe – Julius Köbner – Paul Humburg – Karl Immer – Gottfried Daniel Krummacher – Friedrich Wilhelm Krummacher – Ewald Rau
(CV Dillenburg. ISBN: 978-3863538170)

Matthias Hilbert

Ostfrieslands

leidenschaftliche Pastoren

Sieben Pastorenporträts

Ostfrieslands leidenschaftliche Pastoren stellt auf lebendige Weise die gewissenhaft recherchierten Lebensbilder von sieben markanten ostfriesischen Pastoren vor, deren Wirken, nicht nur, für die ostfriesische Kirchengeschichte von großer Bedeutung gewesen ist: Hans Bruns und Remmer Janßen, beide ev.-lutherisch, Gerrit Herlyn, Heinrich Oltmann und Carl Octavius Voget, alle ev.-reformiert, den methodistischen Friesenapostel Franz Klüsner sowie den baptistischen Theologen im Bauernrock Harm Willms. Gleichzeitig liefert das Buch auch einen kirchengeschichtlichen Beitrag zu den christlichen Erweckungsbewegungen im Ostfriesland des 19. und 20. Jahrhunderts sowie zum Verhalten ostfriesischer Pastoren im Dritten Reich. Abgerundet wird der Band durch eine kleine Studie über den frommen Background der bekannten ostfriesischen Schriftstellerin Wilhelmine Siefkes: Wilhelmine Siefkes - Mennonitin und Sozialdemokratin.

Ostfrieslands leidenschaftliche Pastoren

von Matthias Hilbert
Sieben Pastorenporträts
128 Seiten, € 9,90,
ISBN: 9783750427747

Matthias Hilbert

Außergewöhnliche Glaubensboten

in Ostfriesland

Vier Personenporträts:
Liudger – Johannes a Lasco –
Menno Simons – Karl Immer

Außergewöhnliche Glaubensboten in Ostfriesland

von Matthias Hilbert
Vier Personenporträts
128 Seiten, € 9,90,
ISBN: 9783754323410